【诸子如是说】系列

老子原来这样说

姜正成◎编著

中国华侨出版社

图书在版编目（CIP）数据

老子原来这样说/姜正成 编著. —北京：中国华侨出版社，2012.5（2023.1重印）

ISBN 978-7-5113-2258-6

Ⅰ.①老…　Ⅱ.①姜…　Ⅲ.①道家 ②老子-研究　Ⅳ.①B223.15

中国版本图书馆CIP数据核字（2012）第047717号

● 老子原来这样说

| 编　　著 / 姜正成
| 责任编辑 / 崔卓力
| 责任校对 / 志　刚
| 版式设计 / 丽泰图文设计工作室／桃子
| 经　　销 / 全国新华书店
| 开　　本 / 710×1000毫米　1/16开　印张/16.75　字数/228千字
| 印　　刷 / 三河市嵩川印刷有限公司
| 版　　次 / 2012年6月第1版　2023年1月第3次印刷
| 书　　号 / ISBN 978-7-5113-2258-6
| 定　　价 / 48.00元

中国华侨出版社　北京市朝阳区静安里26号通成达大厦3层　邮编：100028
法律顾问：陈鹰律师事务所
编辑部：(010) 64443056　64443979
发行部：(010) 64443051　传真：(010) 64439708
网　　址：www.oveaschin.com
E-mail：oveaschin@sina.com

前 言

老子是道家的创始人，他的思想一直影响着中华民族的文明构成与发展。近两千年的文化传承和创新，老子的思想以其独特的思想体系、文化内涵占据了中国思想文化史中独特的地位，成为我国传统文化的重要组成部分。

鲁迅说："不读《道德经》一书，不知中国文化，不知人生真谛。"此言论虽然太过绝对，却说明了老子的思想以及他的著作给中国人民带来的震撼和教化是无可替代的。

《道德经》全篇文字不多，但每句话都有极其深刻的含义，可谓字字珠玑，其中更是蕴含着无数人生哲学：老子主张抛弃智巧心机，谋略家们却奉他为宗师；老子主张清静无为的修行，历代帝王却将其学说作为了治国方针；老子反对建功立业、谋名取利，兵家诸人却将他的言论视为无上瑰宝。

百人百性，不同的环境、不同的经历使每个人对老子的思想都有着自己的揣摩和见解。这也正是他的智慧流传几千年仍然不见衰颓的缘故。

老子是个哲人，他所著的《道德经》可以视为一部奇书。这本书涵盖了他毕生的智慧和见解，是中国文化传承中不可磨灭的一个重要源头。

老子的思想核心就是"道德"二字。

所谓"道",就是万事万物变化发展的规律,它是客观存在的,不以人的意志为转移,是虚无缥缈但却无处不在的。所谓"尊道",就是人尊重事物变化发展的规律,凡事要顺应规律而不能逆规律而动。

所谓"德",就是人依据"道"而形成的行为规范。所谓"贵德",就是遵从人合乎万物之"道"的人的行为规范,依"德"而行,而不可做无"德"之行。

老子的思想体系包含了丰富精妙的智慧,即使经过千年岁月的洗礼,也依然熠熠生辉,对人们产生着非同一般的深远影响和启迪。

现代人无疑是幸运的,因为有着丰富的物质享受和精神享受;然而,现代人又是疲惫的,因为始终要面对纷杂的竞争和各种圈子。无法停止的脚步和思维使人们精神紧张、头脑沉重。而老子的只言片语,除了消解人们精神上的困惑之外,更使无数人找到了久违的快乐心境。

人生苍茫,三言两语并不能完全说明,只有细细研磨,细细品读老子的智慧精髓,以正确的心态和方法处世、做事,才能赢得成功且快乐的人生。

本书内容简练,分别从人生、做人、智慧、修心、养生、处世、竞争、忍让等方面选择性地阐述了老子的智慧学说,以清晰明了的解说方式向人们讲解了人生的心态、感悟及真谛。

目 录

第一章 道法自然——老子这样说人生

"自然"是"道"的根本特性,更是道家所提倡的人生态度,是倍受老子推崇的人生最高境界。老子以"道"为其思想根本,极力推崇人们展现自己的真性情、真思想,强调自然无为的人生态度,崇尚顺应生命自然发展的规律和状态。

人为乏趣,天机自然 …………………………………… 003
人生画卷上的留白 …………………………………… 006
境由心生,青春常驻 …………………………………… 009
挣脱心灵的枷锁 …………………………………… 012
老子无为的管理理念 …………………………………… 016
顺其根本,豁达人生 …………………………………… 021
心平气和,事事顺意 …………………………………… 024
宁静致远,走好自己的路 …………………………………… 027

第二章 清静无为——老子这样说修心

良好的心境本原即是内心，一个人的心神如果真正能达到虚静、空灵的境界，就能够真正地解脱烦恼，超然于世。"致虚极，守静笃"，老子告诫我们：修心的最高境界就要做到清静无为，要能保持淡泊宁静的心态，不以物喜，不以己悲，不争不怒。

静心思考，一切皆有可能 ………………………………… 033
人生贵在淡泊无争 ……………………………………… 036
微笑面对，世界就是美好的 …………………………… 039
远离世间的纷纷扰扰 …………………………………… 042
宠辱不惊，笑眼看人生 ………………………………… 046
学会控制自己的内心 …………………………………… 049
功成名就，急流勇退 …………………………………… 052

第三章 抱朴守拙——老子这样说养生

生命对每个人来说只有一次，要活得长久而有价值就要学会养生。老子告诉我们，养生之道各有千秋，模式也不尽然相同，但归根结底在于顺应自然、抱朴守真。养生养的不只是身还有人的心，根据自身条件，正确而适度地进行各种养生活动，自然可以获得健康的身体。

人应该珍惜自己的生命 ………………………………… 059
养生的关键是心态要好 ………………………………… 063
学会享受自己的生活 …………………………………… 067
与自然规律相协调 ……………………………………… 070
道家的无为养生法 ……………………………………… 072
养生过度有损健康 ……………………………………… 075
精神的永垂不朽 ………………………………………… 078

第四章 自知者明——老子这样说做人

做人是一生的修炼,"知人者智,自知者明"、"胜人者有力,自胜者强"。一个人存活于世,倘若能做到知己知彼,就是一个明智的人,这是做人的大智慧。认识自己,认清别人,这是人生的重要法则,坚持恪守这项重要的法则,人生之路才会走得越来越顺。

知人者智,自知者明 …………………………………… 083
轻诺必寡信,多易必多难 ……………………………… 085
以其无私成其私 ………………………………………… 088
战胜自己才是真正的强者 ……………………………… 090
谦虚是成长的土壤 ……………………………………… 094
朋友相处应保持适当距离 ……………………………… 097
做人要有同情心 ………………………………………… 099
人应该学会宽容 ………………………………………… 102
以德报怨,忘记仇恨 …………………………………… 105
学会取舍,不要太过贪婪 ……………………………… 109
拥有谦虚谨慎的做人态度 ……………………………… 113

第五章 与人为善——老子这样说处世

品格是一个人同他人交往的良好通行证。美好的言辞可以让人亲近,优雅的举止可以让人称赞,真诚的心灵会得到人们的热爱。一个有修养的人,在与他人交往的时候一定会拥有与人为善的念想、博大的胸怀和宽广的气度。

真诚待人给自己留余地 ………………………………… 119
己所不欲,勿施于人 …………………………………… 126
桃李不言,下自成蹊 …………………………………… 130

谦逊是终生受益的美德 …………………………………… 134
低调的处世智慧 …………………………………………… 137
真诚地为他人鼓掌 ………………………………………… 140
低调自然做自己 …………………………………………… 143
不要站在风口浪尖处 ……………………………………… 147
厚积薄发的一击 …………………………………………… 150

第六章 大智若愚——老子这样说智慧

傻瓜的心在嘴里，聪明人的嘴在心里。真正绝顶聪明的人从来不会去炫耀自己的能力和聪慧，他们更多的时候是揣着明白装糊涂。在处世的过程中处处留有余地，小心谨慎，左右逢源。"大勇若怯，大智若愚"讲的就是这个道理。

糊涂的心态可以有 ………………………………………… 155
吃亏是一种糊涂的智慧 …………………………………… 158
大成若缺，大盈若冲 ……………………………………… 160
凡事都要把握一个度 ……………………………………… 163
做人要学会知足常乐 ……………………………………… 167
做人不要太斤斤计较 ……………………………………… 171
善待他人就是善待自己 …………………………………… 177
做人不妨适当装装傻 ……………………………………… 181
难得糊涂的高境界 ………………………………………… 185
大巧若拙的处世智慧 ……………………………………… 189
大智若愚是智者的处世之道 ……………………………… 192

第七章 以柔克刚——老子这样说竞争

老子认为，做人不能"自居为大"，而应该正确地看待自己，估量他人，谦虚做人。要想成功，就要学会示人以柔弱，在低调中修炼自己。要学会谦让不争，把握好自己的法度，方可游刃有余、进退自如，最终获得成功。

鸡蛋碰石头的可能 …………………………………… 197
藏头掖尾收起锋芒 …………………………………… 203
示弱以待，至柔至坚 ………………………………… 206
不可太露锋芒 ………………………………………… 208
要学会韬光养晦 ……………………………………… 211
避开与强者的正面相争 ……………………………… 214

第八章 委曲求全——老子这样说忍让

"天下莫柔弱于水"，老子告诉我们：做人就应该像水一样，善于随着周围环境的改变而改变，不断调整自己、改变自己，能屈能伸，使自己更好地适应周围的大环境。然而，委曲求全不是卑躬屈膝，而是学会低头和转弯，在强势面前暂避锋芒，伺机而动。

坚持精神是成功的支柱 ……………………………… 221
把困境转化为顺境 …………………………………… 226
善始善终才能成大事 ………………………………… 231
说话要学会委曲求全 ………………………………… 234
学会选择和放弃 ……………………………………… 238
学会控制自己的情绪 ………………………………… 242
忍耐是一种难能可贵的品质 ………………………… 246
忍辱负重亦是勇士之谋 ……………………………… 250
委曲求全是另一种坚强 ……………………………… 254

第一章 道法自然
——老子这样说人生

"自然"是"道"的根本特性，更是道家所提倡的人生态度，是倍受老子推崇的人生最高境界。老子以"道"为其思想根本，极力推崇人们展现自己的真性情、真思想，强调自然无为的人生态度，崇尚顺应生命自然发展的规律和状态。

第一章 道法自然
——老子这样说人生

人为之趣，天机自然

【原典】

复归于婴儿。

——《道德经·第二十八章》

【古句新解】

回复到婴儿那样纯真的状态。

自我品评

老子认为婴儿不会伪饰，一切随性而为，天机自然，最接近于"道"，他主张向婴儿学习，做一个纯真自然的人。老子最出名的观点就是"无为"，"无为"的核心就是顺其自然，用老子的话说就是"万物之自然"。

老子所说的自然为何物？老子说：自然者，自然而然也。自然就是自然而然，也就是平常所说的天然，指万事万物没有人为因素的那种状态，清水芙蓉，自得天成。"自然"是"道"的根本特性，也是道家所提倡的一种生活态度，是老子所推崇的最高的人生境界。

河神和我们一样分不清什么是自然，什么是人为，一天他跑去问北海神："请问什么是自然？什么是人为？"北海神打一个比方说："牛马生下来就有四只脚，这就叫自然。用辔头套在马头上，用缰绳穿过牛鼻孔，又在马脚底钉上铁蹄，这就叫人为。不要用人为的事去毁灭自然，不要用矫揉造作去毁灭天性。不要因贫困去求名声，谨慎地守护着自然之道，这就叫回归到了本来的天性。"

"自然"指人的本性，也就是人的真性情、真思想，所以"自然"又与虚伪相对。在老子那里"真"与"自然"是一个意思——真的就是自然的，自然的同样也是真的。自然是一个人性情真诚的极致。物贵天然，人贵自然。老子强调自然无为，不管干什么都要因循自然的规律，不以人为的方式去扰乱它。同样，自然无为也是他的审美标准，一切违背自然的必定就是丑恶的。

《史记·滑稽列传》中记载了这样一个故事。春秋时齐国有个叫淳于髡的人，属于齐国的"倒插门"女婿，为人滑稽善饮。有一次，齐威王问淳于髡："都说先生您能喝酒，您到底一顿能喝多少？"淳于髡说："怎么说呢？喝一斗也醉，而喝一石也许不醉。"齐威王说："这话怎么讲呢？"淳于髡说："如果和大王您在一起喝酒，旁边站着倒酒的，后边立着保卫的，气氛非常紧张，在这种情况下，我也许喝不上一斗就醉了。若陪重要的客人喝酒，需要不住地照顾客人，这种情况下，能喝二斗也就不错了。如果和长时间没见面的友人喝酒，'欢然道故，私情相语'，这样能喝五六斗。若是男女在一起搞娱乐活动，大家在一起欢欢乐乐，这样可以喝八斗。如果是晚上，'合尊促坐，男女同席'，烛光晚宴，席间女性又微红香腮，飘柔长发，轻解衣襟，脉脉含情，这种情况觉得心中最为兴奋；情致痛快淋漓，那么就是喝上一石也不醉了。"

其实，淳于髡所说的"不醉"的境界，就是人性不受扼制的时候，而饮一斗辄醉则是人性最受禁锢的时刻。所以，从某种意义上说，人性就是自然之性。老子认为，人的本性是善良的、纯真的。

　　由此，老子坚持去伪存真，保留人性善美而契合自然之道的东西。摒弃所有引起人的贪欲的东西。在他的眼里，让人们在一种自由宽松的社会环境中保持人类纯朴天真的精神生活，与自然之道相契合，更符合于人类的本性。

人生画卷上的留白

【原典】

故有之以为利,无之以为用。

——《道德经·第十一章》

【古句新解】

因此,"有"给人便利,"无"发挥了它的作用。

自我品评

　　一位即将毕业的同学焦急地跟小王说:"现在心里真的很矛盾,不知道是去一家银行当一名职员,还是到一所普通中学去教书。"小王说:"你可以把两者的利弊分别列一张清单,对比一下,然后再做决定。"

　　几天过后,那位同学又来了,但依然是满脸的愁云惨雾。小王就问她事情是否有了眉目。她叹道,还是各有利弊,而且事情变得更复杂了:连她的父母和亲戚都变成了两个阵营,自己的选择更难了。

　　看着这位同学,小王不知说什么好。总感觉她的肩上扛了太多的人生行李,父辈的太多期望——似乎又回到他们高考后填报志愿的那场景,只不过更多了一份生活的艰辛。回想自己当初毕业找工作时又

第一章 道法自然
——老子这样说人生

何尝不是如此，这也许是现代人的一门必修课。不过，假如小王现在处在那位朋友的位置上，再一次面临这种鱼和熊掌的选择时，就会十分坦然。因为他知道，放弃也是一门艺术。尽管决然放弃之后，所选择的最终未必能通向成功，但只有放弃，才有可能赢得更多的人生机遇。既然人生是一门遗憾的艺术，我们何必再说："当初我要是选……"既然山不转路转，我们何必效仿阮籍"穷途之哭"呢？至少我们还有选择放弃的自由。

有些人因为舍不得放弃，最终反而不得不放弃更多。他们在学校读书时，望着人家谈恋爱，便在一种虚荣心理或从众心理的驱使下，沉湎于"爱河"而不能自拔，因为舍不得放弃这种浪漫。最终到毕业分配找工作时才发觉，不得不放弃这段不成熟的感情。也有些人在进校时有宏大的志向，至少要拿一个六级证书回家，为父母、为自己争光。但舍不得电视剧的缠绵，舍不得逛街的逍遥，舍不得冬日的被窝，舍不得……最终不得不放弃了就业单位那用一张张证书筑起的高高的门槛。因为当你占有某物时，某物也同时占有你。当你追逐金钱时，金钱也占有你最宝贵的时间。当你为你的美貌而倾心打扮时，美貌也同时占去了你大量的时间和金钱。有得必有失，得与失是在不停地做辩证转化的，我们应该学会"该放手时就放手"。当然，也有人始终患得患失，不敢放弃，结果导致一事无成。其实，放弃也是一个人成熟的标志之一，只有学会了放弃，生活才会更精彩。

有一个年轻小伙子总觉得自己压力很大，想找时间休息，但又怕休息时会感觉到不安，左右为难，十分矛盾。

心理专家问他：你有没有看过中国画？他摇摇头说：没太留意过。专家又问：你知道中国画的特点是什么吗？他更是诧异地表示不知道。专家微笑道：中国画的特点就在于它不会用颜色把整个画面覆盖，而是有选择，有放弃，有留白，而留白后的整体画面才算是完美。人也是一样，给自己留些空间放松才会有更精彩的生活。

是啊，给自己的生命留些空白吧，只有放弃才会得到你想要的。

在空白的时候好好想一想，寻找新的方向，相信美丽的风景就在前方！

给自己的生命留些空白，别忙着奔向目的地。生命是个过程，好好欣赏沿途的风景，当你回忆往昔的时候，那一朵朵田间的小花正在你的脑海里开放。

俗话说："不入虎穴，焉得虎子。"一个患得患失、锱铢必较的人，一个没有胆量选择与放弃的人，我们还期望他有什么大的作为呢？要明白利润与风险总是成正比，放弃是要有胆量的。"海阔凭鱼跃，天高任鸟飞"。社会才是真正海阔天空的地方。何必计较一时工作单位的优劣；何必计较从打杂和小事做起；何必计较一时生活福利的好坏……只要是真正有前途，真正值得我们拼搏的事业，一时的困厄算得了什么，一时的荣辱又算得了什么！"会当凌绝顶，一览众山小"。社会才是我们真正的大学。家庭总是我们避风的港湾，但有时也是羁绊我们前进的缆绳。舍弃了风和日丽的港湾，到外面的世界闯一闯，也不枉我们年轻一回。人生如一幅画，也许你的大致构图已经由你的父母给规划好了；或者全靠自己稚嫩的双手去描画。但无论如何不要将整幅画面都用颜料涂得满满的，还要在许多地方留一点空白，人生需要留白，留白天地宽。

学习也需要时间，它是一个慢慢积累、循序渐进的过程，其主要目的在于创新。曾有这样一句话：只注重积累，不过是在别人身后爬行；只有同时注重创造，才能建立自己的学业大厦。是的，假如我们一味地积累，而不给自己留下思索的空间和时间，又怎么会有进步和创新呢？同样的道理，假如我们在生活中不留白，就只能在原地踏步，甚至在错误的道路上越走越远，结果肯定是一事无成，找不到一个闪光的地方。

不会休息的人就不会工作，不留白的人生只会累死自己。人生需要诗意的敛约，需要适度的留白。有时候安静一点、淡然一点、沉稳一点、随意一点，并不意味着无能或无奈。

第一章 道法自然
——老子这样说人生

境由心生，青春常驻

【原典】

夫唯道，善贷且成。

——《道德经·第四十一章》

【古句新解】

只有"道"，才能使万物善始善终。

自我品评

哲人说，生活是一种心态。佛语中也有一句话："境由心造，烦恼皆由心生。"这些话是颇有道理的。由于心态的不同，即使是相同的境遇，在不同的人心中也会造成不同的心境，并产生不同的影响，导致不同的结果。

那些依然在人生的大门口徘徊逡巡、踌躇着不知该走哪条路的人们，请记住：等到岁月流逝，你们在黢黑的山路上步履踉跄时，再来痛苦地叫喊："青春啊，回来！还我韶华。"那个时候就只能是徒劳的了。想要让自己的人生完美幸福，首先要保持平淡心境。这样的心境主要有四种：

1. 不计较的心境。在日常生活中，我们对一些非原则性的、不中听的话或看不惯的事，可以装作没听见、没看见或是随听、随看、随忘，做到"三缄其口"。这种"小事糊涂"的心境，不仅是处世的一种态度，亦是健康长寿的秘诀之一。如果一个人遇事总是过分计较，一味地追究到底，硬要讨个"说法"，那么烦恼和忧愁便会先于"说法"而来，反而不利于身心健康。

2. 心理上平衡的心境。现代科学研究表明，经常处于烦恼和忧愁状态中，不仅会加速人的衰老，而且高血压、精神病、心脏病等疾病也会不期而至。而良好的心境既可使矛盾冰消雪融，又可使紧张的气氛变得轻松、活泼，从而保持心理上的平衡，避免许多疾病的发生。

一个明智的人，无论遇到什么情况都能保持一种宁静、淡泊的心态，而这正是养生的最高境界，也是智者的保健良方。"宁静、淡泊的心境"使人们有清醒的头脑，轻松的精神状态。

3. 随遇而安的心境。会随遇而安的人眼光远大、胸怀宽阔，把世间的一切变化都看得很平常、很坦然。这样的人心理必然平衡，平时笑口常开，自然健康就能长寿。生活愉快才能幸福亘古不变的道理。

白德格，从前是棒球名手，现在是美国一位最成功的保险商。他多年前研究得出，会微笑的人永远受欢迎。所以，在走进一个人的办公室以前，他总停留片刻，回想他应感谢的许多事，引发一个真实的微笑，然后当微笑由面上渐失时进入室内。这样的行为不仅使他获得了别人得不到的财富，更使他获得了永葆青春的法宝。

4. 潇洒地对待一切身外之物的心境。在现实生活中，名誉、地位和物质利益吸引着人们去拼搏进取，被看作个人成功的重要标志。但是，生活中真正的烦恼，并不在于我们可能得到（比如疾病）或不能得到（比如钱财）什么，而在于我们根本没有清醒地意识到自己究竟想要什么！也许什么都要，但凡得到的，却又往往成为我们在人生道路上行进的包袱，成为生命河流中的淤泥。

为此，我们必须潇洒地对待一切身外之物，潇洒地看待金钱在我们生命中的地位。名利只是人生的一部分，不能代替我们全部的追求，

第一章 道法自然
——老子这样说人生

更不能被它牵绊。现代人不应该否认名利的强大吸引力，而需要有自己的追求；我们要做自己的主人，而不能被名利牵着鼻子走。

我们不仅要生活，还需要更好的、更高质量的生活。"事无善恶"，莎士比亚说，"思想使然。"林肯有一次曾说："多数人的快乐同他们所决意要得到的相差不多。"他说的一点都没错。

人们要懂得静以修身的道理。当我们拼命在物质世界中寻求快乐的时候，往往忽略了我们的内心世界——自己的精神家园，那就是心理的健康、青春的保持。而当我们真正静下心来，重新审视自己的时候，却会发现，真正的快乐只来自于自己内心的安详。

挣脱心灵的枷锁

【原典】

大方无隅。

——《道德经·第四十一章》

【古句新解】

最方正的东西，反而没有棱角。

自我品评

老子说，最方正的反而没有棱角。其含义是人应该突破种种限制，尤其是心灵的限制，让灵魂自由飞翔，像"道"一样无形无象，不被拘不被束。

艾伦是一位非常成功的经济学家，她在加拿大温哥华的一家重要金融机构担任很高的职位。她有两个孩子和一个温暖的家庭，但她总感觉自己好像失去了什么，生活并不是很完美。当她16岁时，第一次上舞蹈课，就满怀激情地想要成为一名舞蹈家，虽然她不时地学习舞蹈，做一些半专业化的表演，但却始终没有显示出在舞蹈方面成功所必备的才能。而在商务方面她却显得轻车熟路。她获得了经济学硕士学位，建立了成功的事业。

"我父母曾教导我说，要做就要做你能做得好的，如果你不能把某件事做得很好，就不要做。虽然我对跳舞有热情，但我没有成为伟大舞蹈家的天赋。我常常在心里进行着无法形容的斗争，无法决定是否要继续跳下去。"考虑到父母的教导，压制住自己的激情，艾伦全身心地投入到家庭和工作中去。可是她从没有放弃在一个完整的舞剧中创作和表演的梦想，尽管她总是说服自己是因为没有时间、能力、创造力和资金来使这件事成功。

有一次，她无意中从卫生间的镜子里看到了令她吃惊的一幕，自己仅有32岁，但是看上去却像个老妇人，也许再也不能在舞台上跳舞了，心中回味着不能实现自己梦想的一生。就在那时，她下了决心去练习舞蹈，搞一次表演，即使人们笑话她，即使只有她一个人在空荡的剧场里跳舞，她也要将这个梦想变成现实。就在那天，她跳上了一辆计程车，怀着不可动摇的决心返回到了舞蹈课程的学习中。

艾伦发现她不必为了追求自己的梦想而放弃生活的其他方面。"我一直以为，如果我做一些需要付出很大努力的事情，就很难顾及其他事情了，比如孩子或工作。但事实并非如此，其他工作的参与，反而使我的工作效率更高了，在工作中取得了更大的成绩。我在工作中表现出了更强的信心和自我意识，和孩子们在一起也更有乐趣和更加自然。孩子们和我一起参加到演出中，卖票、调适灯光，他们也非常喜欢做这些事。我们作为一家人所共同度过的时光也更美好了，确实更加美妙了。"

在办公室和在台上，她继续着自己的两个职业。她现在已经是英国哥伦比亚保险公司——加拿大最大的机构的总裁和总经理。作为她自己公司的总裁，她是一位深受欢迎的企业顾问和发言人；同时，她仍然腾出时间，制作、编写、演出了四部舞剧，大量观众观看了演出，并且好评如潮。

艾伦成功地挣脱了心灵的枷锁，使自己的生活更加丰富精彩，这就是对"大方无隅"最生动、最形象的诠释。最方正的反而没有棱角，其含义是人应该突破种种限制，尤其是心灵的限制，让灵魂自由飞翔，像"道"一样无形无象，不被拘不被束。追随自己的激情，追求自己最向往的事情，不怕失败，不在乎别人怎么说，你就可以摆脱心灵的枷锁，自由自在。

有一种虫儿叫跳蚤，是跳高能手。如果把它放在桌子上，用手一拍，它可以跳很高，高度能达到自己身高的百倍以上，这在动物界是屈指可数的。科学家们在跳蚤的上方罩上一个玻璃罩，再迫使跳蚤跳动。每一次跳蚤都碰到了玻璃罩。这样连续多次以后，跳蚤改变了自己能够跳起的高度来适应新环境，每次跳起的高度总保持在罩顶以下。科学家们逐渐降低玻璃罩的高度，跳蚤经过数次碰壁之后又主动改变自己跳起的高度。最后，玻璃罩接近桌面，跳蚤无法再跳了，只好在桌子上爬行。经过一段时间，科学家们把玻璃罩拿走了，再拍桌子，跳蚤仍然不会跳，"跳蚤"变成"爬虫"了。"跳蚤"变成"爬虫"，并不是因为它已经失去跳跃的能力，而是由于一次次遭受挫折学乖了、习惯了，最后麻木了。最可悲的地方就是：虽然玻璃罩已经不存在，跳蚤却连"再试一次"的勇气都没有了。玻璃罩的限制已经深深地刻在它那十分有限的潜意识里，反映在它的心灵上。

动物是这样，人也是这样，心理学家把这种现象叫做"自我设限"。一个人在成长的过程中，特别是幼年时代，遭受外界比如父母、老师等太多的批评、打击或遭受挫折，于是奋发向上的热情、欲望就被"自我设限"压制和封杀了。在这种情况下，如果没有得到及时的疏导与激励，他们就会对失败惶恐不安，对失败习以为常，逐渐丧失信心和勇气，渐渐养成懦弱、犹疑、狭隘、自卑、孤僻、害怕承担责任、不思进取、不敢拼搏的习惯。

一个小孩在看完马戏团精彩的表演后，随着父亲到帐篷外拿干草喂养表演完的动物。

小孩注意到一旁的大象群，问父亲："爸，大象那么有力气，为什么它们的脚上只系着一条小小的铁链，难道它无法挣开那条铁链逃脱吗？"

第一章 道法自然
——老子这样说人生

父亲笑了笑，耐心为孩子解释："没错，大象挣不开那条细细的铁链。在大象还小的时候，驯兽师就是用同样的铁链来系住小象，那时候的小象，力气还不够大，小象起初也想挣开铁链的束缚，可是试过几次之后，知道自己的力气不足以挣开铁链，也就放弃了挣脱的念头，等小象长成大象后，它就甘心受那条铁链的限制，而不再想逃脱了。"

在大象成长的过程中，人类聪明地利用一条铁链限制了它，虽然那样的铁链根本系不住有力的大象。

在我们成长的环境中，是否也有许多肉眼看不见的链条在系住我们，而我们也就自然地将这些链条当成习惯，视为理所当然？

就这样，我们独特的创意被自己扼杀，认为自己无法成功致富；认为自己难以成为配偶心目中理想的另一半，无法成为孩子心目中理想的父母、父母心目中理想的孩子。然后，开始向环境低头，甚至于开始认命、怨天尤人。

这一切都是我们心中那条系住自我的铁链在作祟罢了。或许，你必须耐心静候生命中来一场大火，逼得你非得选择挣断链条或甘心遭大火席卷。但是，你还有一种不同的选择：你可以当机立断，运用我们内在的能力，当下立即挣开消极习惯的捆绑，改变自己所处的环境，投入到另一个崭新的领域中，使自己的潜能得以发挥。

老子无为的管理理念

【原典】

无为而无不为。

——《道德经·第四十八章》

【古句新解】

能顺应自然不妄为就没有什么事情办不成。

自我品评

老子说:"太上,下知有之,其次亲而誉之,其次畏之,其次侮之,信不足焉,有不信焉!悠兮其贵言,功成事遂,百姓皆谓我自然。"

此话的大意是:最好的领导者,部属与他无私交,人们仅仅知道他的存在;次一等的领导者,部属亲近他,而且赞美他;再次一等的,则是让部属畏惧害怕;而最差劲的领导者,则是处处被部属看不起,遭人蔑视。而且,领导者最重诚信,没有诚信则得不到部属的信任与效忠。最好的领导者的态度是悠闲自然的,他不轻易发号施令,如此则事事顺遂、功成业就,大家就会说:"我们本来就是这样的。"

老子还强调"人法地,地法天,天法道,道法自然"。所谓"道法

第一章 道法自然
——老子这样说人生

自然"是说道就是其本来的样子,"道"以它自己的状况为依据,以它内在的原因决定其本身的存在和运动,而不必靠外在其他的原因。老子认为,任何事物都要顺应它自身的情况去发展,"自然"就是道,就是规律,就是法则。老子的这些论述实际上反映了其学说的精髓和本质;简而言之,就是倡导一种"无为而治,道法自然"的思想。

事实上,如果从管理企业的角度来思考,这些思想与现代企业的管理理念与方法有着异曲同工之妙。老子的思想启示我们,在现代企业管理中,必须追求一种"无为而治,道法自然"的境界,唯有如此,企业才能立于不败之地;而唯有具备如此素质的企业管理者才是真正称职和优秀的领导者。现代社会的商业竞争越来越激烈并且已经演变到了一个新的阶段和层次,由单极转向多极,从区域遍及全球,科技日新月异,信息层出不穷。在这种情况下,老子"无为而治,道法自然"的思维方式将是应对社会巨变的一种行之有效、弹性极佳的管理策略。

随着企业生产规模的不断膨胀,部门不断增加,人员不断扩充,企业活动所涉及的层面也越来越广,越来越深,即使再精明能干、智慧不凡的领导者也无法面面俱到、事必躬亲,样样"有为"。所以,在现代企业管理中,领导者在决策上应"有所为,有所不为"。这就要求管理者能辨别轻重,分清主次,在事关全局和长远利益的"大事"上有所为,而在无关紧要的琐碎"小事"上则有所不为。

高明的管理者应该是领导和指挥众人的"导演",而不是扮演什么具体角色的"演员"。现代管理学提倡科学管理,讲求管理效率,这实际上与老子"无为而治,道法自然"的想法是完全一致的。法国著名管理学家法约尔就极力反对上层领导者"在工作细节上耗费大量时间",在小事上"总是忙忙碌碌"。他一直主张:"一个企业,经理应始终设法保持对重大事情的研究、领导和检查的思维自由和必要的行动自由"。这就是说:现代企业的管理者必须讲求管理策略,要善于"抓大事"而"放小事"。从另一个角度来看,推行"无为而治,道法自然"的管理原则，是企业顺应客观规律、走向成功的必然选择。

老子此处的"无为"强调的是管理者在进行管理时应采取的态度和方法，即在企业管理中，管理者既不能随心所欲，为所欲为，也不能脱离实际，勉强胡乱地去做，而要顺其自然，遵循自然规律和社会规律，以忘我淡泊、宁静致远的心态去处理事务，并严格按客观规律办事。被誉为日本"经营之神"的松下幸之助在回答"你的经营秘诀是什么？"的问题时，强调："我并没有什么秘诀，我经营的唯一方法是经常顺应自然而然的法则去做事。"松下幸之助的这种管理理念实际上已是对老子"无为而治，道法自然"一说进行了充分肯定。

要达到"无为而治，道法自然"的管理境界，必须从以下几方面进行努力：

1. 企业管理者必须具备虚怀若谷，胸襟开阔的素质；必须要有"容人、容事"的气度和风范；必须在识贤、求贤上"有所为"，在用贤上"有所不为"。一个成功的现代企业领导者，如果要做到"无为而治，道法自然"，就必须在干部和员工的使用上实行"君无为而臣有为"的管理方法，这就要求企业管理者必须具备伯乐寻千里马、刘备三顾茅庐的精神，发现人才并重用人才，真正做到"用人不疑，疑人不用"，以充分调动企业各级管理者和全体员工的主动性和创造性；而不是处处设限，事事干预，更不要不懂瞎指挥。

实践证明，只有敢于"无为"，才能大有所为。作为企业管理者，如何将具有不同文化背景、不同宗教信仰和思维方式的员工凝聚在一起，让整个公司形成一种信任、团结的风气和环境，的确不是件易事。如果凡事都要亲自过问、亲身参与，不仅领导者本人会觉得精疲力竭，事情多得干不完，员工也会觉得你不信任他，牢骚满腹，造成管得越多越管不好的局面。

2. 从企业管理的角度来讲，必须建立一套适合本企业特点、有前瞻性、并能与时俱进的管理机制，只有这样，企业才能灵活自如，游刃有余地运作。要实现这个目标，必须要采取以下几方面的措施：

第一章 道法自然
——老子这样说人生

（1）建立合理的组织结构，使部门与部门之间形成既相互协调，又相互制约的状态。

（2）根据现代企业的要求，结合本公司的发展规划确立与之相符的管理理念，用以指导公司未来的发展。

（3）通过授权和分权的方式，提高工作效率，科学有效地管理企业。

事实上，任何一个企业管理者的管理范围都是有限的，超过某一限度，必会造成自顾不暇，效率低下，并最终导致整个管理系统的紊乱和失衡，只有分级管理，才能使管理者摆脱烦琐事务的束缚，集中精力抓大局和战略。美国纽约著名的贝尔实验室在研究工作方面成绩斐然，曾诞生过十几个世界第一的发明。在向记者谈及治所之道时，该所负责人陈煜耀博士指着他办公室挂着老子的"无为而治"的条幅解释说："领导者的责任在于既要做到你在领导别人，又要做到别人并不认为你在干预他。"陈煜耀博士的这番话可谓一语中的，贝尔实验室的成功正是老子"无为而治"管理思想在现代企业成功运用的一个鲜活实例。

事实上，只有分级管理，才能使管理者摆脱日常琐碎事务的干扰，集中精力做好自己分内的事；从另一个角度来看，对某一个企业而言，若过度依赖某个强势的领导，当有朝一日出现人事变动时，企业可能会因此而无法正常操作和运转，这将对企业的长远发展和做大做强造成严重影响。

3.企业的规章和大原则不能朝令夕改，一旦制定就必须保持连续性和一贯性。这就是说，只要认定所选的项目是社会所需，也是根据自身特点和相关条件办得到的，认准了，选定了，就应如老子说的"守中"、"抱一"，就应按既定的道路，脚踏实地、坚定不移地前行。如果我们"这山望着那山高"，成天忙着为了一己之利变更项目或贪大求新，过分"有为"，到头来恐怕只会乱作一团，一事无成。

由于经济全球化和市场竞争的加剧，尤其是近几十年来日本企业在世界商业市场的崛起，令越来越多的西方管理学家开始关注中国道家，尤其是老子的管理思想和管理原则。美国管理学家约翰·海德就在他所著的《领导之道——新时代的领导战略》一书中，引用了不少《老子》一书的思想，他十分推崇老子的"清静无为"，在书中还从管理学的角度对这种思想作出了自己全新的诠释。

事实上，管理学界学习研究老子思想的热潮一直历久不衰，老子思想犹如一个巨大的宝库等待人们的深度挖掘。

老子"无为而治，道法自然"的思想提倡的是"顺其自然"，讲求按照事物本来的运行规律办事。其实老子这里所说的"无为"，并非人们通常理解的消极的"无为"，并不是要人什么事都不做，毫无作为，听凭命运的摆布，而是要求人们积极遵道以行，率理以动，因势利导。此外，强调人不应妄为、不应乱为，不违背事物存在和发展变化的规律，要充分认识事物的发展规律，然后根据自然规律去工作，而不要勉强去干那些违背发展规律的事。

第一章 道法自然
——老子这样说人生

顺其根本，豁达人生

【原典】

人法地，地法天，天法道，道法自然。

——《道德经·第二十五章》

【古句新解】

人以地为法则，地以天为法则，天以道为法则，道则纯任自然，以它自己的样子为法则。

自我品评

人到老年，头发牙齿逐渐稀落，这都是自然现象，大可任其自然退化而不必悲伤。从小鸟的歌唱和鲜花的盛开，来体认永恒不变的本性，才是最豁达的人生观。

世上万事万物都有始有终，生是我们的开始，死是我们的结束。发落齿疏，生老病死，鸟吟花开，这些都是生命进程中的自然规律，是必然要发生，而不以人的意志为转移的。

达尔文的进化论中有一个重要论断，叫"适者生存"，"适者"，是适什么呢？无疑是大自然。适应自然的，就能够在自然条件下生存下来，相反的，不适应自然的，就遭到淘汰。

所以，无论发生了什么，无论做任何事情，都要合乎自然，顺其原本，这样才不会碰壁，才能一顺百顺。

顺其原本，具体到处世态度上，又可以总结出经验条文，这里不妨列出若干：

顺其原本，安邦不可专制；顺其原本，当官不可强权；顺其原本，争利不可豪夺；顺其原本，为名不可巧取；顺其原本，求偶不可硬拧；顺其原本，交友不可勉强；顺其原本，美化不可矫揉；顺其原本，文章不可造作。

这里，大自安邦，小至做文，方方面面，林林总总，皆是一个理：顺之者昌，逆之者亡；优胜劣汰，适者生存。有时只要顺其自然，便可一顺百顺，一通皆通。曲径亦可通幽处，这就是所谓看似糊涂无为的"智慧人生"的处世哲学。

顺其原本，超然人生，并非自恃清高，不食人间烟火。饮食男女，七情六欲，是人的自然属性、生物本能。要真正达到佛家的"四大皆空"、"六根清静"，那是要付出毕生代价的。光按照清规戒律苦苦修行，也未必能成正果。所谓"苦行僧"的"苦"字岂是佛门以外的凡夫俗子写得出的？既然不可能成为一个绝对的禁欲主义者，那就顺其自然，即顺人的自然天性，满足自身的基本需要。欲望不可强禁，强禁的结果只能使人性扭曲、变态、变形。这里所谓的"顺其原本"，就是顺乎人性、人道。

这正如我们找对象一样，找有钱的吗？找个子高的吗？找苗条的吗？找有学问的吗？

有人说，找妻子要找温柔型的，唯夫首是瞻，可是，这样的女人纵然温顺，但往往不会挣钱，不会公关，不会做事业；有人说，找妻子就要找个有本事的，吃得开的，玩得转的，自强不息，可是这样的人重业不重家，苦恼的正是没有一个任劳任怨地站在成功女人后面的男人，你能做个家庭妇男？

永远会有条件更好的人出现，但他(她)不见得就适合你，所以要全面衡量，挑一个最适合你的人，而不一定是最优秀的那个人。

又比如，两个很恩爱的男女，却因为双方父母的关系，不能成为夫妻；比如，一方很爱着对方，对方却爱着别人；比如，在咖啡厅偶然碰到一个心仪的人，却匆匆地没有留下一个电话。

这些，都是错过的美丽风景，这也就是命运，是自然之道。谨记老子的教诲，修心养性，谨守规律，祸患仍不可避免，那就是天道的必然了。运去金成铁，时来铁是金。时来天地皆同力，运去乾坤不自由。如此，那就不是人为的过错了。轻举妄动的人，不遵守自然规律的人，没有不出偏差的。追求品行善良的人，决不会张扬名声，夸夸其谈。光明正大，无愧于心，才会半夜敲门心不惊。

不要刻意行善，更不要为名或利行善；大错莫犯，小错要慎，最好别犯。小的迷惑，使人迷失东西南北，大的迷惑叫人失去天然性情。真正的聪明，不要过分，安于自然常态，不可画蛇添足。顺着自然规律去做，就可以养护精神，保护自己不受伤害，善始善终。

心平气和，事事顺意

【原典】

及吾无身，吾有何患？

——《道德经·第十三章》

【古句新解】

如果我们忘掉自我，还会有什么忧患呢？

自我品评

人生一世，每个人的际遇各有不同，机运好的可施展抱负成就一番事业，机运差的虽才华卓越却一事无成。在各种不同的境遇中，自己又如何能要求特别待遇呢？每个人的情绪各有不同，因为情绪有稳定的时候，也有浮躁的时候，自己又如何能要求别人事事都跟你合作呢？假如自己能平心静气来观察，设身处地反躬自问一番，也就摸到了人生中一条最好的修养门径。

曾国藩曾经说过："大命由天定。"这话在唯物主义者看来，当属"宿命论"，但许多与生俱来的东西是无法或者非常难以改变的。

有一个学生问他老师说："有两个人年龄相近，面貌相似，可是他们却一个长寿富贵，美名远扬；一个短命贫贱，恶名昭彰。为什么?"老师告诉他:"生死有命,各有不同,你可以任意而为。你想拼命追求,没有人会阻止你,也没有人会反对你。日出日落,各忙各的,谁知道为什么他会那样?说白了,这都是命啊!"

然而,人们在小的时候往往是不大相信命运的,觉得凡事只要努力,总会有所收获,就像社会上流行的口号:人定胜天,气死老天。渐渐长大,遇到了许多天逆人愿、力所难及的事,才觉得命运不全掌握在自己手中。

佛教的创始人释迦牟尼就是一个心平气和的人。有一段时期,释迦牟尼经常遭到一个人的嫉妒和谩骂。对此,他心平气和,沉默不语。有一次,当这个人骂累了以后,释迦牟尼微笑着问:"我的朋友,当一个人送东西给别人,别人不接受,那么,这个东西是属于谁的呢?"这个人不假思索:"当然是送东西的人自己的了。"释迦牟尼说:"那就是了,到今天为止,你一直在骂我,如果我不接受你的谩骂,那么谩骂又属于谁呢?"这个人为之一怔,哑口无言。从此,他再也不敢辱骂释迦牟尼了。

一个人,活在这个世界上,生不由你,生在什么地方不由你,生为男人女人不由你,生于贫家富家不由你,从而在某种程度上决定了你的人生起点不由你;死不由你,古代多少帝王将相梦想长生不老,最终不过南柯一梦;有的人天生丽质,人见人爱,有的人歪瓜裂枣,羞于见人;有的人吃得再多也不发胖,有的人只喝凉水也能长肉。人的许多疾病,细究根源,多多少少都与遗传基因有关,而遗传基因是自己能决定的吗?

如此来看,人是不是就要在命运面前俯首称臣?其实不然。

首先,无论怎样的人生,都有顺与不顺。相对顺的人,对命运的看法可能会乐观些,不顺的人,可能会悲观些。在这个市场竞争异常激烈的年代,每个人的生存压力都是一再地加大。所以,哪怕你认为只有1%的命运掌握在自己手里,也应该为此而付出100%的努力,因为命运是上帝伸出的一只援助之手,能不能拉住是你的运气,去不去拉则全在你自己！

其次，世事无常，逆顺的反复，我们无法预料，我们唯有接受。失去也许会让我们收获更多，悲伤只能让自己无为地消沉。阵痛总要过去，总有破茧展翅的一天。

对待生活，要学会坦然置之，这是生活的哲理、做人的学问。真正的坦然是独享寂寞，而又坚守有成；是处事无奇，而又为人有道；是淡泊明智，而又宁静致远。

坦然面对，固守一份超脱！学会坦然，你就会不以物喜而开怀失度，不以己悲而沉醉低迷。学会坦然，才会有一颗平常心，才会生活得美好、幸福、快乐！

最后，要使自己始终保持心平气和的情绪，以免总是处于愤怒之中。这样既有利于身心健康，更有利于想方设法战胜敌人——人在愤恨交加的时刻，很难想出什么奇谋良策，因为此时人的思维处于混乱状态。

一个好用心机的人容易产生猜忌，会把杯中的弓影误会成蛇蝎，甚至远远看见石头都会看成是卧虎，结果内心充满了杀气；一个心平气和的人即使遇见凶残如石虎一类的人也能把他感化得像海鸥一般温顺，把聒噪的蛙声当作悦耳的乐曲，结果到处都是一片祥和之气，从中可以看到人生真谛。

我们要学会坦然对待生活，在当今物欲难挡的社会中，学会坦然不是一件易事，必须经过心灵的洗礼，一旦看透才能做到真正的心平气和。

宁静致远,走好自己的路

【原典】

轻则失根,躁则失君。

——《道德经·第二十六章》

【古句新解】

轻率会丧失根基,暴躁则会丧失主宰。

自我品评

儒家一位学者说:"不论水流如何急湍,只要心情宁静,就听不到水声;花瓣虽然纷纷谢落,只要心情悠闲就不会受到干扰。"如能抱持这种态度待人接物,那么身心该有多么自由自在。

有一句俗话叫"心静自然凉",说明人在平静的时候,感觉应该是凉爽的。夏天人心里为什么会感觉烦闷?因为燥热,越热心越不能平静,虽然人的体温基本保持在37度左右,但由于心不静,外在给人的影响就占了上风。真正静下来,外在的影响消失了,才能找回真实的自我。

可是,现实生活中,却有许多事让我们静不下心来走好自己的路。对金钱、地位的追逐,工作上的不如意,心理的不平衡,别人的闲言碎语,等等,无时无刻不在影响着我们的心情,左右着我们的行动。

还有些人在社会交往中为了博得他人的欢心，将自己变成了一条"变色龙"，不惜改变自己的立场和观点，甚至牺牲自己的人格，这实在是一种不可取的处世态度。同自我否定心理一样，寻求赞许心理会导致各种自我挫败行为，从而使自己丧失生活的热情。

日本哲学家西田几多郎有一首诗："人是人，我是我，然而我有我要走的道路。"是啊，有我们自己的生活目标和生活方式，如果我们不能选择自己喜爱的生活方式，走自己想走的路，而是处处要看别人的脸色行事，这无疑是在为别人而活，这样的活法又有什么意义呢？为人处世，凡事总想讨到别人欢心的，实际上是一种心理上的乞丐。

改变这种状况的条件，不仅包括了头脑聪明，亦须具有"不在乎别人"的那种定力。这种定力，并非人人都能够做得到。有这么一个故事：

白云守端禅师有一次和他的师父杨岐方会禅师对坐，杨岐问："听说你从前的师父茶陵郁和尚大悟时说了一首偈，你还记得吗？"

"记得，记得。"白云答道，"那首偈是：'我有明珠一颗，久被尘劳关锁，一朝尘尽光生，照破山河星朵。'"语气中免不了有几分得意。

杨岐一听，大笑数声，一言不发地走了。白云怔在当场，不知道师父为什么笑，心里很愁烦，整天都在思索师父的笑，怎么也找不出他大笑的原因。那天晚上，他辗转反侧，怎么也睡不着，第二天实在忍不住了，大清早去问师父为什么笑。杨岐禅师笑得更开心了，对着因失眠而眼眶发黑的弟子说："原来你还比不上一个小丑，小丑不怕人笑，你却怕人笑。"

白云听了豁然开朗。是啊，只要自己没有错误，笑又何妨呢？也许你还有这样的感受，做人做事，哪怕是穿一件新衣服，说一句什么话，都会不自觉地考虑到别人会怎样看，会不会不高兴，总想尽量按照别人的期望去做，担心顺了姑心失了嫂意，怕别人失望，被别人笑话，甚至责骂。对于偶尔未能尽如人意，或听到背后有人非议自己，就耿耿于怀而不可终日。

其实，一个人将生活的焦点和生命的重心放在看别人的眼光、脸色和喜恶上，千方百计去克制自己、迎合别人，是非常愚蠢的。且不说千人千性，众口难调，你不可能满足所有人的要求，即使能，也只能扭曲自己，最终失去自我，失去生活乐趣和生命价值。

所以，人最要紧的不是在争取别人怎么看你，而是要考虑自己的路该怎么走，怎么走才能走得更好。千万不要按别人的思维来对待自己、对待社会，什么鸣冤叫屈、埋怨自己、怨天尤人、敌对别人、仇视社会，只能上了别人的当，中了别人的圈套，那些存心搬弄是非的人，其目的就是要让你的生活乱成一团。

环顾我们生活的周围世界，我们会十分明显地感到一点，要想使每个人都对自己满意，这是十分困难而且不大可能的。实际上，如果有50%的人对你感到满意，这就算一件令人愉悦的事情了。要知道，在你周围，至少有一半人会对你说的一半以上的话提出不同意见。只要看看西方的政治竞选就够了：即使获胜者的选票占压倒多数，但也还有40%之多的人投了反对票。因此，对一般的常人来讲，不管你什么时候提出什么意见，有50%的人可能提出反对意见，这是一件十分正常的事情。

当你认识到这一点之后，就可以从另一个角度来看待他人的反对意见了。当别人对你的话提出异议时，你也不会再因此而感到情绪消沉，苛责别人或者为了赢得他人的赞许而即刻改变自己的观点。相反，你会意识到自己刚巧碰到了属于与你意见不一致的50%中的一个人。只要认识到你的每一种情感、每一个观点、每一句话或每一件事都总会遇到反对意见，那么你就不会轻易改变自己的立场了。

失去了自我，也就失去了平等自由的生活方式和人际关系。某些政客之所以不被人们信任，就因为他们只是留声机和传声筒，而没有自己的灵魂。这种人往往是"轴承脑袋弹簧腰，头上插着风向标"。

他的自我价值完全取决于头上的乌纱帽，一旦失去职位，他就一文不值了。这难道不是事实吗？

第二章 清静无为
——老子这样说修心

良好的心境本原即是内心，一个人的心神如果真正能达到虚静、空灵的境界，就能够真正的解脱烦恼，超然于世。"致虚极，守静笃"，老子告诫我们：修心的最高境界就要做到清静无为，要能保持淡泊宁静的心态，不以物喜，不以己悲，不争不怒。

第二章 清静无为
——老子这样说修心

静心思考，一切皆有可能

【原典】

为无为，事无事，味无味。

——《道德经·第六十三章》

【古句新解】

以无为的态度去有所作为，以不滋事的方法去处理事务，以恬淡无味当作有味。

自我品评

信心正是使人走向成功的前提。信心会使你创造奇迹，古往今来，每一个伟大的人物在其生活和事业的旅途中，无不是以坚强自信为其先导。

拿破仑就曾宣称："在我的字典中没有不可能的字眼。"这是何等豪迈的自信，正是因为他的这种自信激发了无比的智慧和巨大的力量，才使他成为横扫欧洲的一代名将。

只有相信自己，才能激发进取的勇气，才能感受生活的快乐，才能最大限度地挖掘自身的潜力。求上则可能居中，求中可能居下，求下必定不入流。

吉尼斯世界推销纪录创造者——美国的乔伊·吉拉德，他曾在一年中创造了日销售汽车四五部的纪录。他当初去应聘汽车推销员时，经理问他："你推销过汽车吗？"吉拉德回答："我没有推销过汽车，但我推销过日用品、家用电器，我能成功地推销它们，说明我能成功地推销自己，我能将自己推销出去，自然也能将汽车推销出去。"这句话非常有道理。推销商品，首先要推销自己，顾客接受你，看见你就喜欢，才会接受你的商品；如果顾客不接受你，见到你就讨厌，你的商品再好他们也不会喜欢。而要推销自己，首先就要有自信。

信心会为你带来活力，焕发光彩，使你的谈吐洒脱、大度，产生一种不知不觉中感染人的魅力；而丧失信心，会使你显得萎缩，不能充分发挥水平。如果你自己都瞧不起自己，又怎么让别人瞧得起呢？实际上，自信简直就是男人的生命之魂。女人喜欢的男人，甚至男人崇拜的男人，都是有坚强的自信心的。

我有一个同事特别能赢得姑娘的芳心，是公认在女孩子面前有魅力的男人。别人以为他英俊潇洒，其实他却长得其貌不扬。那么他的魅力从何而来呢？我经过认真观察，发现他的魅力在于坚定的自信。

在姑娘面前他总是表现得信心十足，仿佛有他在，这个世界上就没有解决不了的问题。

世界酒店大王希尔顿，现在全世界遍布他的酒店分支机构，但他在起家时只有200美金。那是什么秘诀使他获得成功呢？希尔顿回答："信心！"

开始希尔顿想筹建一个大酒店，由于没有钱，他就用充满信心的行动和自信的语言到处游说，鼓动别人投资。最终他的信心感染了大家，大家纷纷投资。但酒店建了一半时，突然有个人听信别人的谣言，对希尔顿产生了怀疑，要求撤资。此时如果收回投资，酒店就建不下去，马上就会导致连锁反应，引起大家纷纷收回投资，而希尔顿此时已无法偿还这笔钱，很可能会因此坐牢。

面对这严峻的时刻，希尔顿镇定如常，首先从银行取回大笔现金，待那人来后，希尔顿首先问他，愿意要现金还是要支票。然后拉开抽屉给他看满抽屉的现金和支票。那人看后，说要支票，希尔顿就说："如果你要走时仍要收回投资，那么这些支票就给你。"希尔顿这番举动和语行稳住了对方，让他能心平气和地听自己说话。如果，此时马上就声辩不能收回投资，对方的逆反心理一定会令他更加想收回投资。接着希尔顿就充满信心地告诉他，投资后将来会有什么收益，如果现在收回投资，不仅没有收益，还要为违约而赔款，岂不是得不偿失。最终那人被希尔顿说服，没有收回投资，为希尔顿的成功铺平了道路。

如果说有信心不一定成功，那么没有信心就一定会失败。有一位乒乓球运动员，在国内比赛屡战屡胜。一次，代表国家队参加世界锦标赛，临赛前的一个晚上，她患得患失，承受不住心理压力，用刀片将自己的手腕割破，谎称有人行刺她后跑了。结果这事被查明，成为国际上一大丑闻，为此国家队将她开除出队。

但在随后的国内比赛中，她又屡战屡胜，为了给她机会，国家队又重新招她回队。在一次国际重大比赛中，对方的日本运动员，以前没赢过她。开始，她连赢两局，第三局对方赶上几分后，她的信心开始动摇了，结果连输三局。外界评论：她不是输在技术上，而是输在信心上。

信心是一种心态，它产生于自我暗示。我们每天至少要花30分钟静下心来，集中自己的意念，想象自己理想中未来的样子，从而在心中形成一幅清晰的图像，这个时候你已经清楚地写下自己一生中确定的主要目标，接下来就是要不断努力，直到培养出实现目标所需的足够自信。

生活中的许多问题、困难，实际上正是源于信心不足；一个人之所以失败，那是因为自己要失败；一个人之所以成功，那是因为自己要成功。一旦获得了信心，许多问题就会迎刃而解。

人生贵在淡泊无争

【原典】

是以大丈夫处其厚,不居其薄,处其实不居其华。

——《道德经·第三十八章》

【古句新解】

所以堂堂正正的士子总是持守质朴淳厚之"道",而绝不实行虚华无用之"礼";他的居处行为总是那么忠厚朴实,而摒弃那些浮华浅薄之事。

自我品评

做人心态一定要清静,不要把自己搞得疲惫不堪,不要让自己的精神长期动荡恍惚,这样就能够健康长寿。

无劳女(汝)形,指不要太劳累身体。穷苦人和运动员容易猝死,原因是体力透支,辛劳过度。无摇女(汝)精,指不要动摇精气,要固精正气,才合于自然之道。

天下有干不完的事,更有赚不完的钱,如果一味去追求这些东西而成天把自己搞得筋疲力尽,最后却损害了自己的健康,那是得不偿失的。所以,庄子主张,做人要有几分淡泊的心态,最高的修炼是达

第二章 清静无为
——老子这样说修心

到"无我"的境界。要不然，欲望会让你痛苦不堪。

人世间的快乐，实际上就蕴藏在平凡而又平常的生活里。可叹世人身在福中不知福，充分地享受着文明生活所带来的一切便利，偏又把这一切视为理所当然的。快乐近在眼前而竟毫无知觉，却偏偏去追求那些虚无缥缈的东西。

有位年轻人在岸边钓鱼，邻旁坐着一位胡须花白的老人，也在钓鱼。两个人坐得很近，奇怪的是老人总有鱼儿上钩，而年轻人一整天都没有收获。

年轻人终于沉不住气了，问老人："我们两人的钓饵相同，地方也相邻，为什么你能轻易地钓到鱼，我却一无所获？"

老人一笑，从容地答道："你是在钓鱼，我是在垂钓。你钓鱼的时候，只是一心想得到鱼，目不转睛地盯着鱼儿有没有咬住你的鱼饵，所以你看见鱼不上钩就心浮气躁，情绪不断发生变化，鱼儿都被你焦躁的情绪吓跑了。我呢，我是在垂钓，垂钓跟钓鱼不一样，我垂钓的时候，只知道有我，不知道有鱼，鱼来我也不喜，鱼去我也不忧，心如止水，不眨眼也不焦躁，鱼儿感知不到我，因此也没必要逃跑。"

老人所说的是一种境界，钓鱼是一件修身养性的事情，老人恰恰就做到了这一点。老人的一番话是针对钓鱼事件本身所说的，上升到生活中，也不失为睿智的人生哲学。人的一生中兴衰荣辱、得失进退，谁也不能掌控，唯保持一份淡泊的心胸方可在人生的大起大落中免受伤害。

人生贵在淡泊，古往今来多少名士终其一生心中都在向往或是固守着淡泊的心境。"采菊东篱下，悠然见南山"，陶渊明算得上是个淡泊者；"一箪食，一瓢饮，不改其乐"，凭着淡泊，颜回成了千古安贫乐道的典范；钱钟书学富五车，闭门谢客，静心于书斋，潜心钻研，著书立说，留下旷世名篇；齐白石晚年谋求画风变革，闭门十载，破壁腾飞，终成国画巨擘。

淡泊是人生的一种坦然，坦然面对生命中的得失；淡泊是人生的一种豁达，豁达对待人生中的进退；淡泊是对生命的一种珍惜，珍惜眼前从不好高骛远。淡泊可以使人真正地享受人生，在努力中体验欢乐，在淡泊中充实自己。

拥有淡泊心性的人是幸福的。淡泊使人心更加宁静、更加自由，没有羁绊。淡泊是不慕名利，远离喧嚣和纠缠，走向超越；淡泊是在遭受挫折时仍有与花相悦的从容；淡泊是别人都忙于趋名逐利时仍然保持恬静；淡泊是一种修养、一种气质、一种境界。

淡泊的人生是一种享受，守住一份简朴，不再显山露水；认识生命的无常，时刻保持一种既不留恋过去，又不期待未来的心态。宠辱不惊，去留无意，走一程蓦然回首，你会发现，其实幸福离你只有一个转身的距离。淡泊人生，并非消极逃避，也非看破红尘，甘于沉沦。淡泊是一种境界，要做到真正的淡泊，没有极大的勇气、决心和毅力是做不到的。

面对诱惑，不为其所感，虽平淡如轻云，质朴如流水，即能让人领略到一种山高水深，让人感觉到一份从容与安逸。这样的人才是真正懂得如何生活的人。

做人要有几分淡泊，淡泊是一份豁达的心态，是一份明悟的感觉。淡泊为人，才活得自我，才能把自己的本色演绎得精彩。

平淡的日子不会永远平淡，只要怀有淡泊的心境和一生一世永不放弃的追求，定能获得生活馈赠的那份欢乐，成功给予的那份慰藉，谱写出生命最璀璨辉煌的乐章。

微笑面对，世界就是美好的

【原典】

天道无亲，常与善人。

——《道德经·第七十九章》

【古句新解】

天道对谁都没有偏爱，但永远帮助善人。

自我品评

孔子说："岁寒然后知松柏之后凋也。"我们可以从自然中领悟到人应该具备的种种品格，还能拓展自己的心胸，消除生活中的烦恼和忧愁，使心灵获得慰藉。微笑的你是美丽的，因为你宽广的胸怀，其他人也会被你所感染，接踵而至的就是全世界在微笑着接纳你。

当你周围的人娶到漂亮、温柔的新娘，当单位里的同事获得升迁，或者拿到高额奖金时，你是为他们高兴，真心地为他们祝福？还是暗中嫉妒，甚至传出许多捕风捉影的流言呢？当你的朋友在某方面取得重大突破，你会不会欣赏同事的成就呢？你愿不愿意从心里给他热烈的掌声，真心地向他微笑呢？

作为一个真正的成功者，当这个世界有好事发生的时候你应该真心地微笑着去面对它，对人类的终极命运怀着深切的关怀。当微笑面

对的心态始终占据你的大脑，你的大脑会搜寻好的事情，你就会发现好的机会。当你成天在为他人的不幸而幸灾乐祸时，你总是从负面来获取恶意的快感，你的目光着眼点始终盯在社会的负面上，这样的话，你就只拥有一个小人物的心态，而不能有更好的发展。

美国有个著名的影星，一次有个衣着破旧的女人哭着对她说："我的儿子约翰12岁了，住在医院里，急需3000美元的手术费，如果交不上这笔费用的话，他明天就会死。"这个影星立刻就拿了3000美金给这个女人。

第二天她的经纪人告诉她："告诉你一个不幸的消息，昨天那个女人是个骗子，根本就没有12岁的约翰住院那码事。"但是这个影星却微笑着对她的经纪人说："这不是一件好事吗？没有一个小男孩面临死亡这不是一件好事吗？"

当你的人生达到一定境界时，你也会拥有这种为好事、好人而微笑的心态。

当你收到这样的短信："以真诚为半径，以尊重为圆心，送你一个圆圆的祝福，愿：爱你的人更爱你，你爱的人更懂你，好事圆圆好梦连连，祝每天快乐！"你的感受会怎样呢？将心比心，我们每个人是否都应建立起为好事祝福的心态呢？

所以，如果我们能培植起一种向全世界微笑的心态，这样你的心胸会彻底打开，你的大脑敏感度会打开，你会发现更多的机会。

不管是男人还是女人，人们的心胸都应该宽广一些，正如俗话说的"大度宽容，疑惑自消"。其实，现实生活中，无论是对待家庭、工作与其他事情，只要宽容，不疑神疑鬼，就会减少很多的烦恼。越是心胸狭窄，越是斤斤计较，越是小肚鸡肠，越会使自己陷入难堪的境地，到头来吃亏的还是自己。

我好你就不好，你好我就不好，看到别人比自己好就不高兴，这是少数人的心态。实际上这里有一个深层次的原理，叫自我价值保全。自我价值是你在你自己心中的价值的程度。如果你的自我价值是50%

的话，而显现在你面前的别人的价值是60%，那你就不高兴；如果你的自我价值是100%的话，不管别人的价值如何，你都会用一种"为别人叫好"的心态去承认别人的价值。因为这时的你完全接纳了自己，就不会去跟别人比较，不再去跟别人比钱、比权力、比学问，这样反而会看到别人的优点，达到你好我也好的状态。

所以，要想获得别人对自己的"微笑"，我们就要努力地去追求那种对你我都好的"双赢"的状态。

第一次登陆月球的太空人，其实共有两位，除了大家所熟知的阿姆斯特朗外，还有一位是奥德伦。当时阿姆斯特朗所说的一句话是："我个人的一小步，是全人类的一大步。"这早已是全世界家喻户晓的名言。在庆祝登陆月球成功的记者会中，有一个记者突然问奥德伦一个很特别的问题：

"由阿姆斯特朗先下去，成为登陆月球的第一个人，你会不会觉得有点遗憾？"

在全场有点尴尬的注目下，奥德伦很有风度地回答："各位，千万别忘了，回到地球时，我可是最先出太空舱的。"他环顾四周笑着说，"所以我是由别的星球来到地球的第一个人。"大家在笑声中，都给予他最热烈的掌声。

中国有句俗话说：花花轿儿人抬人。今天你冲别人微笑，或者为别人叫好，明天别人就可能投桃报李，还你一个人情。你好，我也好，这就是双赢。

心胸狭隘，整日疑神疑鬼，总在揣测别人的动机，计较同事是否在背后算计你，势必会降低工作精力，影响你的人际关系，导致周围人的疏远、反感和冷落。这些偏执狂自导自演的行为，最终会使不良的预言成真。

而在微笑的世界遨游时，一切忧愁悲伤便会付诸脑后，烟消云散。时刻保持向别人微笑的心态，可以使一个人在潜移默化中逐渐变得心胸开阔，气量豁达，不惧压力。

远离世间的纷纷扰扰

【原典】

万物并作,吾以观其复也。夫物芸芸,各复归其根。

——《道德经·第十六章》

【古句新解】

天下万物蓬勃生长,我则观察它们的最后归宿。万物虽芸芸而生,纷然杂陈,而最终全都各自返归其根。返归其根即处虚守静,就是复归其本性。

自我品评

远离了世间的纷纷扰扰,人的身体就不会劳累;遗忘了生命的存在,人的精神也就不会亏损了。养生之道重在顺应自然,忘却情感,不为外物所滞。

《庄子·达生》中有一段关尹与列子的谈话:有一天,列子碰到了关尹,两个人好久不见,就找了一个酒馆,坐下来聊起了天。

列子问关尹:"道德修养臻于完善的至人游到水底也不会感到憋气,跳入火中也不会感到烧痛,行走于万物之上也不会感到恐惧。请问这是怎样的一种境界呢?"

关尹微微一笑，答道："这不过是持守住纯和之气，而非智巧、果敢所能做到的。放下杯子，请听我慢慢为你道来。大凡具有面貌、形象、声音、颜色的东西，都是物体，那么物与物之间又为什么差异很大，区别很多呢？又是什么东西最有能耐而居于领头羊的位置？这都只不过是有形状和颜色而已。一个有形之物却不显露形色而留足于无所变化之中，懂得这个道理而且深明内中的奥秘，世间的任何东西又怎么能控制或阻遏住它呢！人如果能这样，就可以处在本能所为的限度内，藏身于无端无绪的混沌中，游乐于万物或灭或生的变化环境里。心无二用，元气保全涵养，德行相融相合，从而把自己融入这个大自然之中。这样，他的禀性操守就能保全，他的精神就不会亏损，外物又怎能把他怎么样呢！

"有的人喝得酩酊大醉，从车子上摔下来，虽然满身是伤却没有死去。身体跟正常人一样而受到的伤害，感觉却跟正常人不同，为什么呢？因为他的神思高度集中，乘坐在车子上也没有感觉，即使坠落地上也不知道，死、生、惊、惧全都不能进入到他的思想中，所以遭遇外物的伤害却无半点惧怕之感。醉汉从醉酒中获得保全完整的心态尚且能够如此忘却外物，何况从自然之道中忘却外物而保全完整的心态呢？"

由此看出，庄子认为，持守纯和元气是至关重要的，然后才能使精神凝聚。这也是我国古代养生论的重要内容之一。

中国最早提出养生学理论的是老子，老子对于人体生命的研究，是从对婴儿的实验观察开始的，从而探讨出养生长寿的根本。老子认为，从人含有元精深厚的程度来看，初生的婴儿最好。为什么呢？你看婴儿那么小，毒虫不咬他，猛兽不抓他，蜇鸟不搏他，婴儿的筋骨虽弱小，但拳头握得很牢固，他不懂男女交合的事而小牛牛却常常勃起，这是他精气旺盛的缘故。他整天嚎哭而声音却不沙哑，这同样是因为他平和无欲而精气旺盛的缘故。

老子说，一个人远离了世间的纷纷扰扰就叫懂得了生命长存的法则，懂得了生命长存的法则就叫做智慧精明，被卷进人世间的纷纷扰扰而不能自拔就叫做招致灾殃。卷进人世间的纷纷扰扰就会耗费精气，也叫做硬性消耗阳气。人成长到壮大就会衰老，这就叫不含柔弱之道，不含柔弱之道，人很快就要死亡。

老子把自己的养生之道称为柔弱之道，主张在养生中要得精。其根据在于人的生命是从牝牡之合，即性活动中产生的，而性合之源在于精，无精便无生命。就在于能持守住纯和天真，逍遥于天地浑一的元气之中。

这种持守住纯和之气，逍遥于天地浑一的元气之中的智慧，也表现在庄子对待死亡的态度上。

《庄子·大宗师》记载了这样一件事情：有一天，子桑户、孟子反、子琴张三人不期而遇。

子桑户说："天下有谁能够相互交往于无心交往之中，相互有所帮助却像没有帮助一样？又有谁能登上高天巡游雾里，循环升登于无穷的太空，忘掉自己的存在，而永远没有终结和穷尽呢？"这正好说到两个人的心里去了，大家心领神会，于是成为好朋友。

天有不测风云，子桑户因故死了。还没有下葬，孔子就派弟子子贡前去帮助料理丧事。到了那里，子贡惊呆了，只见：孟子反和子琴张二人一个编曲，一个弹琴，相互应和着唱歌："哎呀，子桑户啊！哎呀，子桑户啊！你已经返归本真，可是我们还在为活着的人而托载形骸呀！"

见此，子贡快步走到他们近前，说："请问，对着死人的尸体唱歌，这不太合乎礼仪吧？"孟子反和子琴张二人相视一笑，不屑地说："你这种人如何懂得'礼'的真实含意！"说完，连理也不理子贡了。

讨得一身无趣，子贡只好回去了。回来后，子贡把见到的情形告诉给孔子。说："他们都是些什么样的人呢？不看重德行的培养而无有礼仪，把自身的形骸置于度外，面对着尸首还要唱歌，容颜和脸色一点也不改变，简直不可救药了。什么人哪？"

第二章 清静无为
——老子这样说修心

孔子沉思良久，说："他们都是远离了世间的纷纷扰扰的人，我却依旧生活在具体的世俗环境中。人世之外和人世之内彼此不相干涉，可是我却让你前去帮助料理丧事，我实在是浅薄得很呀！他们正跟天地结为伴侣，而逍遥于天地浑一的元气之中。他们把人的生命看作像赘瘤一样多余，他们把人的死亡看作是毒痈化脓后的溃破，这样的人，又怎么会把生死看得不同呢！凭借于各种不同的物类，但最终寄托于同一的整体；忘掉了体内的肝胆，也忘掉了体外的耳目；无尽地反复着终结和开始，但从不知道它们的头绪，茫茫然彷徨于人世之外，逍遥自在地生活在无所作为的环境中。他们又怎么会拘泥于世俗的礼仪，有意识地做给人看呢！"

你看过鱼游得太累、鸟飞得太倦、花开得太累吗？的确没有人看过它们太累，因为它们不是固有的人的形态，远离了世间的纷纷扰扰，保持住了自身的"精气"。

记住庄子的这句话："弃世则形不劳，遗生则精不亏。"如果你能真正地了解了这句话，那么，你的一生都将受益无穷。

宠辱不惊，笑眼看人生

【原典】

宠辱若惊，贵大患若身。

——《道德经·第十三章》

【古句新解】

得失名利的心太重，受宠受辱都会感到惊恐。畏惧祸患的心太重，也会常常惊恐不定，身心不宁。

自我品评

得到了荣誉、宠禄不必狂喜狂欢，失去了也不必耿耿于怀，忧愁哀伤，这里面有哲理，即得失的界限不会永远不变，一切功名利禄都不过是过眼烟云。得而失之、失而复得这种情况都是经常发生的，意识到一切都可能因时空转换而发生变化，就能够把功名利禄看淡、看轻、看开些，做到"荣辱毁誉不上心"。

"荣辱毁誉不上心"，就要"宠辱不惊，去留无意"。当一个人在成名、成功的时候，如非平素具有"宠辱不惊，去留无意"的真修养，一旦得意，便会欣喜若狂，喜极而泣，自然会有惊震心态，甚至有所谓得意忘形者。

明代文学家和书画家陈继儒说："宠辱不惊，闲看庭前花开花落；去留无意，漫随天外云卷云舒。"对于一切荣耀与屈辱无动于衷，用平静的心情欣赏庭院中的花开花落；对于官职的升迁得失丝毫不放在心上，冷眼观看天上浮云随风聚散。只有做到宠辱不惊，去留无意，方能心态平和，怡然自得，方能达观进取，笑看人生。例如在前清的科考时代，民间相传一则笑话，便是很好的说明：

有一个老童生，每次考试都不中，但人却已经步入中年了，这一次正好与儿子同科应考。到了放榜的那天，儿子看榜回来，知道已经录取，赶快回家报喜。他的父亲正好关在房里洗澡。儿子敲门大叫说：父亲，我已考取了！老子在房里一听，便大声呵斥说：考取一个秀才，算得了什么，这样沉不住气，大呼小叫！儿子一听，吓得不敢大叫，便轻轻地说：爸爸，你也考取了！老子一听，便打开房门，一冲而出，大声呵斥说：你为什么不先说。他忘了自己光着身子，连衣裤都还没穿上呢！

这便是"宠为下，得之若惊，失之若惊"的一个写照。有关人生的得意与失意、荣宠与羞辱之间的感受，古今中外，在官场，在商场，在情场，都如舞台上一样，是看得最明显的地方。以男女的情场而言，众所周知唐明皇最先宠爱的梅妃，后来冷落在长门永巷之中，要想再见一面都不可能。世间多少的痴男怨女，因此一节而不能解脱，于是构成了无数哀艳恋情的文学作品！

还有的人在荣誉宠禄面前也许能经得起考验，但他未必能经受得住屈辱和打击。所谓："富贵不能淫，威武不能屈"、"宁为玉碎，不为瓦全"、"士可杀不可辱"等，都是对古往今来那些豪杰英雄的赞美诗。面对邪恶，为了正义，宁死不屈，这就是至高无上的荣誉。但在特殊情况下，"忍辱"也是为了真理和正义，为了更多人赢得荣誉，这就是"忍辱负重"。

《红岩》中的华子良，装疯卖傻那么多年，遭到敌人侮辱，也遭到自己同志的轻蔑，为的就是要在关键时刻营救战友。这种人确实是

"特殊材料制成的"，是很多凡夫俗子望尘莫及的，其荣辱观同样伟大高尚。

所以，道家认为，在荣辱问题上，做到"难得糊涂"、"去留无意"，这才叫潇洒自如，顺其自然。一个人，当你凭自己的努力、实干，靠自己的聪明才智获得了应得的荣誉、奖赏、爱戴、夸耀时，应该保持清醒的头脑，有自知之明，切莫飘飘然，自觉霞光万道，所谓"给点光亮就觉得灿烂"。

孔子也说："天下有道则见，无道则隐"（《论语·泰伯》）。能上能下，宠辱不计，只要顺愿、顺心、顺意即可。这样一来，既可以在条件允许的情况下做点事，又不至于为争宠争禄而劳心劳神。去留无意，亦可全身远祸。有时在利害与人格发生矛盾时，则以保全人格为最高原则，不以物而失性、失人格，如果放弃人格而趋利避害，即使一时得意，却要长久地受良心谴责。

现实生活中，每个人都可能有一两次这样的经验和体会。当你放弃利害，保全人格时，那种欣喜愉悦是发自肺腑的，淋漓尽致的。一个坦坦荡荡，人格纯洁的人，他的心是宁静安逸的，而蝇营狗苟的小人的心境永远是风雨飘摇的。

聪明的人对待事物的态度是无可无不可，宠禄不惊的。当如古人阮籍所说"布衣可终身，宠禄岂足赖"，一切都不过是过眼烟云，荣誉已成为过去时，不值得夸耀，更不足以留恋。另一种人，也肯辛勤耕耘，但却经不住玫瑰花的诱惑，有了点荣誉、地位，就沾沾自喜，飘飘欲仙，甚至以此为资本，争这要那，不能自持。这些人往往被名誉地位冲昏了头脑，忘乎所以，反而过犹不及，最终无所大成。

学会控制自己的内心

【原典】

是以圣人抱一为天下式。

——《道德经·第二十二章》

【古句新解】

因此，圣明的人总是抱一守道，以虚静无为作为其行政施教的根本法则。

自我品评

要制服邪恶必须先制服自己内心的邪恶，自心的邪恶降服之后心灵就会沉稳不动，这时所有其他的邪恶自然就起不了作用。要想控制不合理的横逆事件，必须先控制自己容易浮动的情绪，自己的情绪控制住以后自然不会心浮气躁，到那时所有外来的强横事物就不能侵入，你也就能够顺利地控制自我。

《六祖坛经》有言："心平何劳持戒，行直何用修禅。""菩提只向心觅，何劳向外求玄。"这也是说，心是人的一切行为主宰，对于个人的修养来讲，外在的邪恶容易看到、克服，内在的难点则会成为自己修养中无形的障碍。为什么这么说呢？因为外在的力量毕竟不能完全左右自己，假如自身心猿意马陷入迷惑，那就必然会受到邪念的干扰。这种情况是最可怕的。

所以，古人说"破山中之贼易，破心中之贼难"，可见人间最大的敌人就是自己。千万不可忽略隐藏在内心的邪念，必须先制服这种内心的邪念才能少犯错误，走正确的路，办正确的事情。

古代有智慧的贤人讲修养，就是改造内心世界，强调只有内心静如止水，才可以达到"百邪不入，寒暑不侵"的境界。

外在的物欲、花花世界和势利繁华对一个人的心理诱惑的确很大，就像鸦片一样，能让一个正常的人着魔，令人不可思议，也令人无法控制。其实，产生这样的念头，也是不足为奇的，因为我们是真实存在的群体，哪一个人都不可能是苦行僧，每个人都有七情六欲，尤其是面对外来的各种诱惑和邪念，不可能无动于衷，这也是人之常情。但是，一旦着魔，也就是自己的心被邪念控制，就会背离人生的正常轨迹，走上邪路。

怎样才能控制这种欲望和贪婪的念头呢？只有一招，那就是："伏魔先伏自心"。也就是说一个人要抵御外来的种种诱惑，最重要的就是要控制自己的私心杂念，铲除一切龌龊的行为及阴暗的思想和理念，如果我们能够坚决控制自己内心的私心杂念，那么无论外面的花花世界多么有诱惑力，在我们真实本性所体现的情况下，一切外来的各种诱惑，自然就会消失，从而使自己走上正确的道路。

只有坚决抵制自己内心贪婪的意念，不为那种物欲和贪婪之心所左右，做一个光明磊落的人，这才是真正体现做人的道理。

自己该怎样发火，别人冲你发火你该怎么办，这使很多人感到左右为难。因为他们认为发火就算不是禁忌，至少也是不合适的。我们非常害怕这种情况：如果自己生气的话，别人会有看法："我一旦发火，他们就不喜欢我了！"或者，我们害怕的是自己发火的后果，不管是想象中的还是现实存在的后果。因此，我们会否认自己在生气。"不对，我没生气，我只不过说话声音大了点。"我们会试着压抑怒火，希望怒火能够自行平息或消失。我们会用受伤的表情来掩盖怒火，因为书上说，眼泪和哀伤比愤怒更有杀伤力。或者我们就干脆放弃生气的权利："善解人意的成年人不该生气"，"我怎么能生她的气呢？她根本不知道自己在说什么。"

这些掩饰都忽略了一个基本事实：生气是人类的正常情绪，每个人都有。所以，我们要接受愤怒情绪的正常存在。如果我们想跟其他人保持一种明朗的交往关系，以自信的态度表达自己的怒火也不是不可以的。但这并不意味着我们必须保持活泼的、善解人意的表象，还有甜甜的笑容。要想维持原有的关系，重要的是沟通和解决让自己生气的问题，而不是听任怒火积聚，一发不可收。我们可以让对方清楚地了解我们的感觉、我们的要求，而不是去压倒、污蔑或是侮辱对方，不把细小的分歧演变成不可调和的矛盾。

当然也有些时候，我们怒火冲天，情绪激动，我们满脑子想的都是爆发，减轻自己的紧张，跟那个惹自己生气的人中断来往。在这种情况下，我们往往会不计后果地责备对方。如果我们只是想发泄自己的怒火；如果我们不关心自己的怒火会对别人造成什么影响；如果我们想让对方为他做过的事付出代价，那么我们的企图跟本意是不一样的。

日常生活中，无论做什么事情，都要脚踏实地，而不是贪图虚名，贪图物质享受，见利忘义。只有先控制住自己，正气才能压住邪气，抵制自己内心的恶魔。否则，就无法抵御外在的诱惑，因此会使自己的贪婪之心越来越膨胀，甚至到了无止境的地步。由于一个人的私心本来就是没有底线的，如果得到的越多，反而要求的更多，永远不会满足，这样贪婪之心就无法遏止了，从而使自己偏离了正确的道路，更不用说是去控制别人了。

功成名就，急流勇退

【原典】

功成身退，天之道也。

——《道德经·第九章》

【古句新解】

一件事情做得圆满了，就要含藏收敛，这是符合自然规律的道理。

自我品评

老子说："功成身退，天之道也。"也就是说"功成身退"是天的道，人要符合天的道，功业已经成了，就引身后退，这是一种自然规律。世间伟人，一旦达到事业的顶峰，完成其历史使命，就应该顺应历史发展的潮流，效法自然，主动退位让贤。

人生有许多辉煌，但不可能永远辉煌，在自己的事业达到了顶峰时，要学会急流勇退。从事业的顶峰退下来，把新的希望寄托在青年身上，以此推动事业的发展。放弃昨日的辉煌，才有可能瞄准更新、更高的目标，获得更大的成功。

花开了，结果了，也就自然凋谢了，自然万物都是这样。人也是这样，范蠡绝顶聪明，料事如神，他有"础润而雨、月晕而风、防患

第二章 清静无为
——老子这样说修心

于未然"的超人本领。

范蠡最初不过是楚国的一介平民，后来做了越王勾践的大臣。他有安邦立业的宏才伟略，在越王最落魄的时候跟随在越王身边，辅佐越王励精图治，雪会稽之耻，最后终成霸业。班师回国后，君臣设宴庆功。席间，乐师作了一首《伐吴》之曲，称颂范蠡、文种之功，勾践听后却面无喜色。范蠡见了，不禁心里"咯噔"一下，立刻明白了一切：勾践这个人猜疑、嫉妒之心很强，不想归功于臣下。看来，自己若不及早脱身，日后难免招来杀身之祸。一想到这里，他便决定舍弃高官厚禄，急流勇退。

范蠡走后，忽然想起曾经"风雨同舟"的好朋友文种，便修书一封，派人送给他。文种打开信一看：

"狡兔死，走狗烹；飞鸟尽，良弓藏；敌国破，谋臣亡。越王勾践为人，长颈鸟喙，可与共患难，不可与共安乐，先生何不速速出走？"

文种看后，想到勾践近来与功臣们日渐疏远，这才如梦方醒，便假托有病，不再上朝。可是，一切都晚了，勾践深知文种才华过人，担心他一旦有二心，没人能对付得了他，便对他起了杀心。这时，有人诬告文种图谋不轨，勾践就赐给文种一柄宝剑："过去，先生教我伐吴七策，我仅用三策就灭掉吴国。现在，请先生去地下实行其他四策吧！"文种拣起宝剑一看，见上面刻着"属镂"二字，正是吴王夫差令伍子胥自裁的那柄剑，只好仰天长叹，拔剑自刎。范蠡逃离越国后，到齐国的海边更名换姓开荒种地，由于勤劳俭朴，善于经营，几年后便聚财几十万，成为当地最大富豪。齐王知道范蠡其人，便封他为宰相。后来，范蠡交还了相印，把财产全部散发给乡邻好友，带着一家人再次悄悄离开了。

范蠡的出色智慧，给春秋晚期的吴越争霸增添了一些传奇色彩，所以后人曾有评论："文种善图始，范蠡能虑终。"相比起来，文种的结局有些悲凉，当然，这也衬托出了范蠡的过人之处。难能可贵的是，在自己事业的最高峰，范蠡看透了"权力场"，毅然急流勇退，这种大智大勇实在是千古罕见，不是常人所能及！

功成身退是一种明哲保身的方法及智者所为。人生在世，竭尽所能，报效社会是必要的，但成功了，危险也就来了，可能在论功的时候，会出现分配不公，或骄傲让人嫉恨，更有功高震主等危险和矛盾潜伏着。要学会化解，更要学会韬光养晦，锋芒内敛。学会在必要的时候，功成身退。道德经讲得好："夫唯不居，是以不去。"

张良全力辅佐刘邦，为刘邦完成统一大业奠定了坚实的基础，刘邦称他"运筹帷幄之中，决胜千里之外"。当天下已定，四海归心时，也正是他该享受荣华富贵的时候了，可是，在刘邦准备赐予他五千户时，张良却断然拒绝，放弃功名利禄，请求做一个小小的留侯。他曾说道："今以三寸舌为帝者师，封万户，位列侯，此布衣之极，于良足矣。愿弃人间事，欲从赤松子（传说中的仙人）游。"他看到帝业建成后君臣之间的"难处"，欲从"虚诡"逃脱残酷的社会现实，欲以退让来避免重复历史的悲剧。

事实的确如此，随着刘邦皇位的渐次稳固，张良逐步从"帝者师"退居"帝者宾"的地位，遵循着可有可无、时进时止的处世准则。在汉初消灭异姓王侯的残酷斗争中，张良极少参与谋划。在西汉皇室的明争暗斗中，张良也恪守"疏不间亲"的遗训。

功成身退，是张良的选择。尽管身后投来的是惊异的目光，但事实证明，他的选择是对的。"狡兔死，走狗烹"，不久，韩信被斩，彭越被杀，而张良得以保全。他放弃了暂时的功名，安享晚年，张良的机智谋划千古流芳。

张良之所以能成为千古良辅，被后人称为"功成身退"的典范。不仅在于他能运筹帷幄，决胜千里，辅佐刘邦创立西汉王朝，还在于他能因时制宜，适可而止，最后，既完成了预期的事业，功成名就，又在那充满悲剧的封建专制时代里保存了自己。

日中则昃，月盈则亏，这是自然规律。事业已遂，力量至极，则引身退后，这是自觉遵循自然规律。知进而不知退者，祸必及身。功成身退，是大自然的一大定律，人生的一大真理。但见大多世间伟人，一旦达到事业的顶峰，完成其历史使命，就顺应历史发展潮流，效法自然，主动地退位让贤。

华盛顿被誉为美国国父，凡是了解他的人，无不为他在立国问题上所表现出来的高瞻远瞩所倾倒。华盛顿本可像殖民地时代美洲宗主国英国那样建立君主制，他手下也确有人想拥戴他称王。即便不当君主，做个终身大总统也是名正言顺的。但是，华盛顿只做了两届总统，就退下来了。他是美国的国父，在其声誉最隆之时，功成身退，并立法两届总统制，奠定了美国现在的民主体制，为世人所敬仰，是真正的伟大。

"云山苍苍，河水泱泱；先生之风，山高水长。"在历史上，很少有人可以当此四句，但华盛顿当之无愧。他与其伙伴们建立的一套制度被沿用了两百多年，至今仍然充满活力。尤其是他的"连任两届"作为范例一直沿袭到罗斯福时代才因战事破过一次例。两百年来，几乎每一位美国总统在就职演说时都要追忆他的盛名美德，真可谓高山仰止。他成为美国人民衷心爱戴的国父，其坦坦荡荡之胸襟是美国政治家之最高典范。

由此可见，功成身退是做人的一种至高境界。自古真正的能人智士，大都功成身退，能够做到这一点，才能在人类历史上名垂千古，留下自己辉煌的一页，成为最后的成功者。

一个人停停走走，走走停停，不停变换的，不是我们的脚步而是周围的世界。风和日丽也好，狂风骤雨也好，都是刹那间的浮光掠影。人生的历程，就好比海上竞技运动的一只帆船，起跑时迎风飞驰，像一只欢快的鸟儿，中途遇到巨浪会给你迎头痛击，你也许会被巨浪拍倒，不过不要紧，重要的是当你觉得不可以抵挡的时候要懂得变换方向，冲过惊涛骇浪之后便是风和日丽，也许只有在比赛的过程中才会让我们明白什么是急流勇退！也许人生就像一场帆船比赛，很多时候我们要懂得急流勇退。

在商场竞争中，有了一定的成就，能把握急流勇退的艺术，才能在商业竞争中立于不败之地。

50年代中期，塑胶花在欧美颇有市场，企业家李嘉诚经营的塑胶厂迅速由生产玩具转向生产塑胶花，成为世界上最大的塑胶花生产企业，他本人也赢得了"塑胶花大王"的美称。生意正兴隆之际，他却当机立断，毅然放弃利润仍丰厚的塑胶花，重操玩具旧业。不久，塑胶花行情暴跌，那些趁热而上的厂家纷纷遭殃。

同期，吴兆声还在香港一家公司当小职员时，从一部表现非洲生活的电影中看到非洲人爱戴丁零当啷的首饰，于是独闯非洲，做起首饰生意。经过几年努力，他的生意已做到令人眼红的地步。许多香港商人也纷纷到非洲抢做首饰生意，他却退出竞争，另辟财路。

1970年，借美国"假发热"的东风，香港假发制造业生意兴隆，外销总值达10亿港元之巨。然而就在这时，香港假发业的开拓者刘文汉却急流勇退，到澳大利亚开创新的事业。不久，美国"假发热"降温，香港的假发制造厂纷纷倒闭。

60年代，美籍华人蔡志勇因创立"曼克顿互惠基金"赚到大钱，赢得"金融魔术师"称号。正当这个基金会炙手可热之际，他却转手卖给别人了。第二年，这个基金的股价就开始下跌。

生意场上，急流勇退的他们，能高瞻远瞩地预见未来的市场行情，认识到了凡事都会有由盛而衰这样一个规律，从而急流勇退，一举成功。因其退得及时，故常能立于不败之地。

一个人在名利、权位上志得意满时应该见好就收，要有急流勇退、明哲保身的意识，尽早觉悟。

第三章 抱朴守拙
——老子这样说养生

生命对每个人来说只有一次，要活得长久而有价值就要学会养生。老子告诉我们，养生之道各有千秋，模式也不尽然相同，但归根结底在于顺应自然、抱朴守真。养生养的不只是身还有人的心，根据自身条件，正确而适度地进行各种养生活动，自然可以获得健康的身体。

人应该珍惜自己的生命

【原典】

自爱不自贵。

——《道德经·第七十二章》

【古句新解】

自爱自重但不自居高贵。

自我品评

老子认为，人虽然不能自居高贵，但应懂得自爱，要学会珍惜自己的生命。我们几乎每天都见到自杀的消息，而其中来自高校学生的自杀，又格外使人受到震惊。致学生自杀主要是来自四大压力：情感压力、学习压力、经济压力和就业压力。他们或因为恋爱失败、或因为与同学闹矛盾，或因为考试问题，分别走上绝路。

有一个哲学教授清晨吊死在自家门前的槐树上。这位教授的家庭生活美满，学术研究成果出色，但是，数年来在事业上逼自己太紧，攻治学问的标准过高而影响精神状态，终以自杀了结了自己短暂的一生。这个故事引人深思：悲剧故事的主人翁不是一般的人，而是研究哲学的高级知识分子。

一个成功的哲学研究者，是能为人指引生活道路的，在面对各种问题时，他们应该比别人更睿智、更有力量。可是，这位知识渊博也有研究能力的教授，在并没有外在悲惨遭遇的情况下，却选择了放弃生命——这种比一般人都不如的懦夫行为！为什么这些接受过良好教育的知识分子，却轻易走上人生的绝路呢？这说明：我们拥有生命，却未必拥有关于生命的智慧。

毫无疑问，意识到自己也必有一死，对任何人来说都足以震撼自己的心灵。许多名人都有这样的体验：俄国大文学家托尔斯泰在他的《我的忏悔》中，就提到过这一念头曾长久折磨他；美国大作家海明威，他一生参加过无数次战斗，并且多次死里逃生。然而到老年时，他却是平生真正严肃地正视死亡。一位作家在给他写的传记中，甚至这样描述："他怕死怕得只想自杀！"由此可见，不管一个人何等有学问，何等能干，何等勇敢，当他不得不面对死亡这一问题时，他所受到的震撼都是强烈的。

怎样才能做到珍惜生命？

1. 认识到生命的可贵。人死不可复生，对我们每一个人而言，没有了生命，就没有了一切的基础；放弃生命，就放弃了存在的基础！生命对每个人来讲都只有一次，真正珍惜生命、正视生命的人，不会因为一点小小的挫折就轻易放弃生命；也不会浑浑噩噩，如行尸走肉般，直到生命最后一刻。我们不仅应该珍惜自己的生命，而且要珍惜别人的生命。

2. 自我做主，没有谁能代替你来活。你饿了，你爸爸妈妈吃得再饱，能够帮助你解饿吗？你困了，你兄弟姐妹连睡三天，能帮你解困吗？你病了，最亲的人再爱你，能替代你感受病痛的煎熬吗？你将死去，你的爱人能以他的死来代替你而长生不老吗？……我们在吃喝拉撒睡这样的事上，都没有谁能来代替你，你怎么能够在人生更重要的事物上，依靠别人呢？谁也不可能代替你自己活！因此，你必须追求自己所热爱的东西，不盲从别人；必须尽好人生的本分，不要把自己应该承担的责任，让别人去承担。

3.活在"现在"。假如明天不再来临，我们所拥有的只是今日、当下，所以我们更应该及时把握、珍视此刻，踏踏实实地过好今天、当下，这是一种要求，也是一种境界。据说有些著名的高僧大德，在晚上就寝时，会把杯子倒空，杯口朝下。因为他们不确定明天是否会醒过来，是否还用得着杯子。人生就是由一个个独立的"现在"组成的，我们谁都无法将"现在"抽离出来而只空谈明天。其实，当我们一再地错过当下，实际上就是在错过生命的每一秒。

比尔·盖茨的生命理念是："人生就是一场正在焚烧的大火，一个人能够做到，也必须去做的，就是尽自己的全部力量从这场火灾中抢救出点什么来。"正因为有这种超乎寻常的生命智慧，当他考上了美国最著名的哈佛大学后仍果断休学创业，成为信息时代最成功的创业典范，并几次蝉联世界首富。

4.不要害怕正视死亡，应该学会把它当成生命的导师。接触到生死问题，才是真正确定人生观的第一步。意识到人的局限，才可能获得局限中的"最大"。认识到每个人都会死，恰恰是一个人自主人生的开始，死让我们意识到了生的短暂与宝贵，我们才能摆脱盲目，积极地筹划一生，学会当自己和生活的主宰。死亡使世界的一切平凡都显得不凡！由于死亡将每个人的生命从头到尾都做了限定，所以正是它赋予了生命的意义。因此，我们每个人都应更多地考虑好好度过此生的问题。

要创造幸福和价值，这是此生的根本责任。你不是为了事业或者其他什么才到这个世界上来的，首先，你是为了得到幸福和创造幸福才到这个世界上来的，至于事业或其他什么，是否能够成为幸福的一部分，那是下一个层次的问题。事业只能决定自己在生命价值中的比例，绝对决定不了生命价值的根本。爱情、生活及别的一切，也同样如此。

5.拥有关于健康的知识。世界卫生组织总干事中岛宏博士曾说"许多人不是死于疾病，而是死于无知"，"千万不要死于愚昧，千万不要死于 lisa"。所以我们说："最好的医生是自己，最好的处方是知识。"要想健康并不需要花多少钱，拥有正确的观念非常关键。

如今不同的人群如知识分子、离退休人员、家庭妇女、农民等，对健康的重视程度都不一样。离退休的老人一般比较关心自己的健康，他们每天早上起来走走路、练练拳，中午小睡一会儿，生活很有规律。相信这与他们压力小、时间富余都有关系。老年人积累了丰富的阅历，往往心态比较豁达，得病率反而比年轻人低。

国外有报道说，人的健康状况与知识水平密切相关。受教育程度越高，其健康状况就越好。知识水平也分两种：一种是专业知识，一种是社会知识。一些公司的管理人员、工程师，他们的工作能力很强，专业知识丰富，可对健康的认识几乎等于零，对胆固醇、高血脂等词都没概念，连基本的健康常识都不了解，这样的人在知识结构上存在很大缺陷。他们的健康也很容易出问题，许多人的英年早逝与知识结构的缺陷有很大关系。

生命看似漫长却又短暂，最脆弱而又最坚强，最值得珍惜而又最易被忽视。生命只有一次，不可轻视、不容忽略。亘古的时空里生命短短一季，只不过是岁月的瞬息间，时光的一次呼吸而已。莎士比亚说人生如戏，生命是舞台，每个人就扮演着自己的角色，且让每个人都好好走过有意义的一趟。学会珍惜生命吧，因为珍惜，你的生命之色才会是最亮、最美的。

养生的关键是心态要好

【原典】
不欲以静，天下将自正。

——《道德经·第三十七章》

【古句新解】
没有过多的欲念就会平静下来，一切都会变好。

自我品评

老子认为，一个人心态好，通达乐观，一切都会变得美好。世界卫生组织认为，如果把健康元素按照百分比划分，可以分为以下几个部分：遗传占 15%；环境占 17%，其中社会环境占到 10%，自然环境占 7%；接下去就是医生占 8%；自己占 60%。遗传的 15% 和环境的 17% 是我们控制不了的，而其中的 60% 是个人因素，我们自己可以控制。所以说，健康其实就在我们自己手里。

健康是一个人人都关心的问题，但是大多数人对健康的真正含义还是比较模糊的。在生活中，有的人身体稍有不适就赶紧往医院跑，不检查出点毛病不罢休，就好像故意和自己过不去似的，这种人应该称为"健康的病人"；还有一种人，虽然身体上得了病，但看上去和正常人一样，工作、学习、娱乐什么都不耽误，治疗疾病对他而言只不过是一件平常事，这样的人我们姑且称之为"带病的健康人"。

"健康的病人"可能会在郁郁寡欢中真得了病，而那个"带病的健康人"则可能在快乐的生活中变成一个真正的健康人。我们当前提到的健康教育，多数讲的是吃什么食物对身体有营养，这个水果抗癌，那个水果抗衰老，那个水果美容。实际上就是能抗癌的水果，有人天天吃也抗不了癌。如果心态不好，天天生气，吃多少抗癌水果也无济于事。我们对自己的心灵、文化、思想关心得很少，只关心最浅表的东西，忽略了深层次最重要的东西。

人们对健康问题的认识上存在误区，猪肉的蛋白质含量是多少、脂肪有多少等当然重要，但更重要的是心理、心灵，我们把最重要的给忽略了。养生的关键在于自己的力量。如果自己豁达乐观，情绪稳定，对未来充满信心、充满力量，那么你的力量将强大到你想象不到的不可估量的程度。人可以战胜细菌、病毒、癌症……但是战胜疾病有一个前提条件，即健康的心态。人体的抵抗力分各种不同层次，由各个系统组成，它需要一个总指挥——心理，如果这个"总指挥"乐观向上，积极稳定，那么就可以调动全身所有抵抗力协同作战，形成对疾病强大的攻击力。

如果心里没有自信，感到恐惧，那整个"指挥部"就崩溃了。这就和打仗一样，指挥部如果很坚定，那就能赢。如果连自己都不知道该怎么打，甚至老觉得没有胜利的希望，指挥部先乱了，一定会全军覆没。很多人体格健壮、肌肉结实，但心理很脆弱，这样的人不会真的健康。我们必须明白，精神乐观、情绪稳定可以调动一个人全身各个系统的力量来对抗病魔。有人说癌症病人有三分之一是吓死的，那是因为他的精神先垮了。这话说得十分中肯。本来一个人看着没什么异常，一查出是肺癌，他可能一个月就完了。其实如果他不做这个检查，说不定还能活上三五年呢。查出有癌症后，他的精神就先不行了。

第三章 抱朴守拙
——老子这样说养生

有了疾病，首先应该保持好精神，在战略上藐视它，不害怕；战术上则该治的治，积极配合治疗。阿姆斯特朗是美国自行车运动员，他患了睾丸癌，后来癌细胞转移到肺部，又转移到脑部。这是晚期睾丸癌的症状，医生说他死亡的概率是99%，活的可能性不到1%。一般人听到医生这样的结论会被彻底打垮的，可阿姆斯特朗对医生说，"没事，大夫您放心，我不怕。您不是说活的概率有1%吗？我就是那1%！"

阿姆斯特朗的睾丸癌在被切除后仍不断进行放疗，他奇迹般恢复了健康。而且在治疗期间，他还努力练车，他的自行车越练越好，他从全省冠军成为全国冠军到世界冠军，获奖无数，曾连续七次获得环法自行车赛世界冠军。

还有一位26岁的法国姑娘患了子宫癌，切除子宫两个月后，癌细胞转移到卵巢，又赶紧把卵巢切除了，可几个月后竟又转移到结肠。她接连做了八次手术，全身都是刀疤。几个化疗疗程下来，她的头发全掉光了。她吃不下东西，吃了也会全吐出来。她骨瘦如柴，最后彻底绝望了，觉得上帝对她不公平，自己这么年轻就得了绝症，还不如死了算了！有一天她的一个朋友来看她，惊讶地发现她好像变了个人，完全失去了原来的模样。她说我已经绝望了，你能告诉我怎样才能死得更快一些吗？朋友劝慰她说，你千万别死，生命非常珍贵，人生很有意义，你想一想你这一辈子让你最高兴的事吧。

她想起了三年前她在海滨滑水、游泳的情形。蓝天白云，微风徐徐，海鸥在海上飞翔，人与自然融为一体，那时候感觉最快乐。于是姑娘决定和她的朋友再去体验一下当时的感觉。可这时候她连站都站不起来了，一站起来就摔倒。

为了体会三年前的幸福感受，她重新练习走路，又接着练滑水。其间，她遇到一位同样身患癌症的小伙子，他们俩互相帮助、互相鼓励，她滑水的技巧日益精湛，身体也越来越好。很长一段时间后，医院让她去复查。化验结果让医生大吃一惊，她的一切生理指标都正常了。两年后，这个姑娘获得了世界女子滑水冠军。

　　人如果有了精神的力量，就会变得很强大。拿破仑有一句名言："在世界上只有两种力量，一个是剑，一个是精神，归根到底，人类的精神力量会战胜剑的力量。"不管是预防疾病还是治疗疾病，如果我们能保持积极、乐观的心态，并采取科学的方法，那就一定能克服困难。乐观者总是从正面的、积极的角度去看待事物，他有希望，愿意努力；而悲观者，总是从负面的、消极的角度去看待事物，这样的人没有希望，前途也灰暗的。

　　态度悲观的人容易得病，就算没得病的时候，他也是在文章开头所说的"健康的病人"。对健康起最关键作用的，恰恰是心理，说得更严肃一些，其实一个人的一切就取决于心态，心态一变，整个世界就会在你心中发生彻底的改变。换个角度想问题，你会发现世界那么美，生活那么有意义，多么值得你去创造、去欣赏。

第三章 抱朴守拙
——老子这样说养生

学会享受自己的生活

【原典】

甘其食，美其服，安其居，乐其俗。

——《道德经·第八十章》

【古句新解】

人民以自己的食物为香甜，以自己的衣服为美观，以自己的居所为安逸，以自己的习俗为欢乐。

自我品评

老子希望百姓能"甘其食，美其服，安其居，乐其俗"，用今天的话说就是享受生活。过去很少有人敢放心地享受生活，因为那是资产阶级思想，是要受到批判的，怎么能享受呢？人家日日夜夜苦干，可你却在享受，所以应该批判。可现在不一样了，努力工作的同时也要懂得享受美好的生活。

实际上，做好工作也是一种享受，让大家都来享受生活是我们工作的最终目标。因此，在21世纪，我们需要把越来越多的文化、思想、道德、心灵这些精神因素注入到健康的范畴内，而不要以为健康只是营养好、肌肉发达。那只是最低层次的健康，我们应该追求更高层次的健康，那就是心灵的健康。心灵的健康能促进我们机体的健康，更能帮助我们积极地对待生活，乐观地享受生活。

下面这个故事说明了享受生活的重要性：

五官科的病房里同时住进来两位病人，都是鼻子不舒服。在等待化验结果的时候，甲说，如果是癌，立即去旅行，首先去敦煌，然后去拉萨，乙也表示赞同。结果出来了，甲得了鼻癌，乙长的是鼻息肉。甲列出了一张告别人生的计划表：去一趟拉萨和敦煌；从攀枝花坐船一直到长江口；到海南的三亚以椰子树为背景拍一张照片；在哈尔滨过一个冬天；从大连坐船到广西的北海；登上天安门；读完莎士比亚的所有作品；力争听一次盲人乐师阿炳的原版《二泉映月》；成为一名大学生；要写一本书……凡此种种，一共有27条。在这份生命的清单后面他这样写道："我的一生有很多梦想，有的实现了，有的由于种种原因，没有实现。现在上帝给我的时间已经不多了，为了不留遗憾地离开这个世界，我打算用生命的最后几年去实现还剩下的27个梦想。"

当年，甲就辞去了公司的职务，去了拉萨和敦煌。第二年，又以惊人的毅力和韧性通过了成人高考，成为一名大学生。这期间，他登上了天安门，去了内蒙古大草原，而且还在一户牧民家里和他们住了一个星期。现在，甲正在实现出一本书的夙愿。有一天，乙在报纸上看到甲写的一篇散文，打电话去问甲的病情。甲说，我真的无法想象，要不是这场病，我的生命该是多么的糟糕。是它提醒了我，做我自己想做的事情，去实现自己的梦想，现在我才体味到什么是真正的生命和人生。你生活得也挺好吧！乙没有回答，因为在医院里他所讲过的一切，早就已经因为患的不是癌症而被抛到脑后去了。

其实，这是一个多少带有感伤色彩的故事。在这个世界上，我们每个人都患有一种绝症——那就是死亡，不是吗？谁也不可能抗拒。但是我们之所以没有像患鼻癌的甲那样，列出一张生命的清单，抛开一切多余的东西去实现梦想享受生活。也许是因为我们认为自己还会

第三章 抱朴守拙
——老子这样说养生

活得更久，也许正是因为这一点差别，使我们的生命有了质的不同。平日的劳碌折磨了我们的一切感官，而死亡却带给了甲对人生和生命价值的真正体味。

现代社会的工作和生活节奏是快速的，不仅肉体疲劳，精神也会疲惫不堪。适当地休息，就好比军队刚刚打了一场恶仗，休整一下，以利再战，是非常必要的。因此，我们需要享受生活，需要休息，需要一个完整香甜的睡眠、一段轻松舒缓的音乐或者一份精致可口的饭菜……

与自然规律相协调

【原典】

能辅万物之自然而不敢为。

——《道德经·第六十四章》

【古句新解】

能辅助万物的自然生成发展，而不敢轻举妄动。

自我品评

四季更替，寒暑分明，人们在这样一种变化莫测的大环境中生活。为了更好地保持健康的体魄，少生病，或不生病，就必须遵循自然界的规律。老子为我们总结出一条基本原则——就是顺应自然规律，养生首要。

人类以自己柔弱的躯体，面对威力无穷的大自然，可谓"顺者昌，逆者亡"，企图"人定胜天"还为时过早。自然界的变化让我们体会最真切者，莫过春夏秋冬的更替，以致寒热温凉对人体的影响。

中医学在养生保健和防病治病中，处处强调人与自然界是统一的整体，称"天人相应"，告诫说"要顺四时而适寒温"。自然界的一切生物受四季气候变化的影响，于是形成了春生、夏长、秋收、冬藏的自然规律。一年四季的变化同样随时影响人体，人体的五脏六腑，四肢九窍，皮肉筋骨血脉等的功能活动与季节变化息息相关。

顺应自然规律首先应该顺应四时，顺时养生即顺应四时气候、阴阳变化规律，从精神、起居、饮食、运动等方面综合调养的养生方法。其宗旨是"春夏养阳，秋冬养阴"。

人们顺应自然规律养生就能健康少病长寿，反之则可能患病夭亡。前人为了更好地顺应自然，常以"节气"来指导人们衣食住行和农事劳作。至今，中医看病还时刻不忘节气，在养生保健方面认为在春夏阳气当旺之季，要保护体内阳气，以免阳虚致病；秋冬阴气当旺之季，要注意体内真阴的保护，以适应来春阳气之发动，《内经》称之为"春夏养阳，秋冬养阴"，这是养生固本的一大原则，不可违背，否则必然会损伤正气，导致病害。

以秋季为例，古人说"春华秋实，仓积容满"，秋季是收获的季节。秋三月还需分孟、仲、季三个不同阶段，立秋、处暑为第一阶段，此时暑气未消，秋阳余炎；白露、秋分为第二阶段，此时金风送爽，玉露初凝；寒露、霜降为第三阶段，此时碧空如洗，大雁南飞，是"阳消阴长"逐步转凉过程。人们在秋季的起居也应随着阳光的收敛，燥气的影响调整睡眠时间，《内经》中说秋季应该："早卧早起，与鸡俱兴。"

有研究发现，脑血栓或缺血性脑血管病患者，在秋天坚持晨练有明显的防治作用，有利于减少血栓形成，可改善脑功能和智力，这可能与秋季空气中负离子含量较多有关。

道家的无为养生法

【原典】

不为而成。

——《道德经·第四十七章》

【古句新解】

不妄为就能有所成就。

自我品评

人的生命只有一次，养好生命，人才能长寿。然而，危及人类生命的杀手比比皆是：饮水、空气、食物等生存条件被破坏和污染，人们普遍运动失衡，各种灾难性疾病残害着人们。

如何养生才好呢？让我们听听中华民族智慧之神——老子揭示的真谛："不为而成。"意思是：人学地，不妄为，不违背规律，自然而然就可以有成。也就是说，做事做到自然状态，就是达到了最高境界。由此，我们可以悟出：无为养生，是养护人生的最高境界！无为养生，辞海中没这词条，辞源中没这词条，中外药典等各类医养类著作中也没有无为养生的阐述。它是一个全新理念。

第三章 抱朴守拙
——老子这样说养生

如何自然养生呢？就是顺应自然世界和社会生活的规律，养护我们唯有一次的生命，也就是"顺其自然"地追求人生健康。对于养生，人们各有各的看法。但"英雄所见略同"，许多长寿者都认为养生不必有过多的禁忌，以顺乎自然为好。著名历史学家周谷城老人说："有人说老年人不能吃肉，不能吃动物油，连吃鸡蛋也只能吃蛋清。对此我却不大赞成，我是想吃什么就吃什么，什么东西吃着香就吃什么，饮食首先要吃下去，然后才能消化吸收。不想吃的东西看着就叫人烦，那怎么行？有想吃的东西却不让吃、吃不着，这在精神上也会引起不良反应，对健康同样是不利的。"

北大教授、著名学者季羡林九十高龄时仍身板硬朗，思维敏捷。有人问他有什么长寿秘诀，他的回答是："我的秘诀就是没有秘诀，或者不要秘诀。"季老常常看到一些相信秘诀的人，禁忌很多，这也不敢吃，那也不敢吃，季老不以为然。凡是觉得好吃的东西他都吃，不好吃的东西就少吃或不吃，其理论是："心里没有负担，胃口自然就好，吃进去的东西就能很好消化，再辅之以腿勤、手勤、脑勤，自然就百病不生了。"说起养生之道、长寿秘诀，那真是形形色色，五花八门，不仅使人眼花缭乱，无所适从，有的观点甚至还互相对立。

有这么一个笑话：某记者听说某地有位长寿老人，便赶去采访。老人向其介绍自己的长寿秘诀：一辈子不吃肉、不喝酒。记者如获至宝，于是专心记录。恰在此时，忽然从屋子里传出叫骂声，记者忙问是怎么回事？老人不好意思地解释："因为接受您的采访，耽误了给我父亲买肉打酒，老人家发脾气了……"

这虽说是个笑话，但也说明不同的人体质不同，养生的方法自然是千奇百怪，所以在养生的时候不要搞各种条条框框，顺乎自然就好。当然，这里所说的"顺乎自然"也是相对而言，如果因为有病或其他原因，医生嘱咐忌吃某些食品、减少某些活动，那就另当别论了。

人体的差异性很大，没有一成不变的养生之道和长寿秘诀。在养生问题上，不要有那么多禁忌，搞那么多清规戒律，不要强迫自己做那些难以做到的事。保持精神愉快，乐观豁达，想吃什么就吃什么，吃也吃得下，睡也睡得香，有问题则设法解决，有困难则努力克服，干什么就专心干，心平气和，从容处之，方是长寿之道。

养生过度有损健康

【原典】

人之生，动之死地，亦十有三。夫何故？以其生生之厚。

——《道德经·第五十章》

【古句新解】

人本来可以活得长久，却自己走向死路的，也占了十分之三，这是什么缘故呢？因为他们养生过度的缘故。

自我品评

老子提倡过一种寡欲质朴，纯真自然的生活，认为这样才不会伤残人的本性，可以活得长久。他认为欲望太盛、供奉太多，反而使生命受到损害。

有这样一位妇女曾经就是个养生过度的人。她订了许多卫生保健方面的报刊，经常剪贴、复印下来，分送给朋友和老同学。她也关注电视上的健康节目。一次她特地打电话通知她的老同学，第二天有治疗高血脂的节目。她的老同学说："我的血脂还正常。"她劝道："以后说不定会高呢！"她常怀疑自己有这病那病。身体某一部位稍有疼痛，就害怕"长东西"了，弄得惶惶不可终日，精神负担很大。后来她在别人的劝说下上了老年大学绘画班，还每日与老伴出去锻炼，才感觉精神和身体都好多了。

中医理论非常好，非常奇妙。中医治病的本质是和谐，它不讲究杀菌杀病毒，而是给你调理阴阳平衡，虚实平衡，气虚补气，血亏补血。比如，现在很多人每天吃一大堆补品，说这个好，一小点可以补充那么多营养。其实未必，如果真是这样的话，那就可以不用吃饭，只吃补品就行了。

任何东西少了不行，可并不是说多了就好。比如维生素C，成人每天的需求量是100毫克，如果你摄取了200毫克，多余的就会从尿液中排出，不会有什么其他问题。可如果你长期摄取过量，它会通过肝脏先储存起来，然后再一点点释放，如果你摄取的量过多，肝脏储存过多，就会导致中毒症状，头晕头痛，恶心呕吐，甚至肝细胞坏死。每年因过量服用补品导致中毒甚至死亡的人不知道有多少。所以养生要适度，适度包括营养的适度、运动的适度、心理的适度。

过去困难时期，营养不良的人很多。现在生活条件好了，又走了另一个极端，就是吃得太多，于是出现了肥胖、超重等问题。也有一些人粗粮吃得很少，这样特别不好，人类就是从吃粗粮过来的，玉米、小米、高粱、南瓜、土豆、红薯都是很好的食物，含有非常丰富的天然营养，所以东西要搭配着吃。另外要注意的是，吃到七八分饱就可以了，适可而止。俗话说："七八分饱，百岁不老。"

人为什么要吃七八分饱而不是全饱呢？老虎生活的环境里，吃的东西不是每天都有，抓到猎物就要吃个够，接下来的两三天不吃都没事。而我们人类有丰富的食物来源，天天都有吃的，如果吃得过饱过量，就容易吃出病来。从生理学的角度讲，我们吃完东西后，要等血糖上升才有饱腹感，如果吃得过饱，等血糖上升的时候，一定又会觉得撑了。所以吃得快的人一定容易发胖。

这就像一个汽车制造厂，每辆汽车需要4个轮胎即可，生产1万辆汽车即需要4万个轮胎，如果你做了40万个轮胎，当然会把整个车间都给占满,反而无法生产出汽车了。所以任何东西如果违背了适度均衡的原则,好东西都会变成坏东西。当然,有特殊需要的人适当多补充一些复合营养还是对健康有益的。"健全的心灵寓于健康的身体。"这句格言可以追溯到罗马时代,而且历久弥新,到今天仍然适用。

生命在于运动,人若不动,也就不能生存,更不能成为有思维有感情的高级动物。但运动必须合乎科学,按照科学规律去运动,才能达到健身的目的。一个人如果不按科学规律去运动,盲目地做一些不适合于自己身心的运动,那就不仅得不到健身的效果,反而会损害健康。心理的适度也就是心态平衡。有人说:"心理平衡哪里能做得到?有时候碰到某件事情我就会特别着急,平衡不了。"

心理平衡,不是讲心如止水、心如枯井,更不是说麻木不仁。心理平衡的人一样拥有喜怒哀乐,这是很正常的,但不要过度。比如说今天你中了个大奖,请朋友吃饭,本来挺高兴的一件事,可你大喜过望、酗酒过度,没准回家就脑溢血了,变成乐极生悲。再比如说你不小心丢了钱包,其实没什么大不了的,只要吸取教训就得了,可要是你为此而捶胸顿足、寝食不安,就会得植物神经功能紊乱,最后变成抑郁症。所以我们遇事尽量不要大喜大悲、大惊大恐。

过度的情绪波动会伤害内脏,导致胃十二指肠溃疡、高血压等许多病,要尽可能保持理性、适度的情绪。随着生活水平的提高,人们对养生越来越重视,然而养生过度对健康反而有害。人不要把养生作为生活的唯一追求,过分执著养生,甚至定出种种规章、禁忌,活得并不自在。稍有不适便忧心忡忡,这样的心态对健康极为不利。

人们应该提倡科学的生活方式,掌握必要的医学常识,让身心处于轻松状态,做些令精神愉悦的事,潇洒并快乐地活着,这才是最好的养生。

精神的永垂不朽

【原典】

死而不亡者寿。

——《道德经·第三十三章》

【古句新解】

那虽死犹生的人，称得上真正的长寿。

自我品评

老子的"死而不亡"，并不是在宣传"有鬼论"，也不是在宣扬"灵魂不灭"。而是说，有些人的身体虽然消失了，但他们的精神是不朽的、是永垂千古的。

常香玉在抗美援朝时毅然把三个孩子送到托儿所，拿出自己多年积蓄，卖掉车和房子，组织多场义演，共筹资15亿元（当时的货币）买了架"常香玉号"战斗机捐给志愿军抗击侵略者。常香玉大师做事"从来都是先想着别人，把自己放在第二位"。改革开放和市场经济走进中国以后，她依然没有丢掉德艺相依，德为先、艺为后，台下好好做人，台上好好演戏的大师风范。"戏比天大"，这是常老对豫剧艺术执著追求的座右铭，她临终时，还念念不忘党和人民的利益，留下了丧事从简，不发讣告，不许任何人以她的名义向组织提非分要求的遗嘱，这种精神何等的难能可贵。这与那些有了点名气便以此索要高额出场费等，一切向金钱看齐的所谓"大腕"、"明星"形成了多么大的反差！

同样，任长霞这位女公安局长上任时，有个黑老大便放出狂言：登封市没一个公安局长能当得长。当时河南登封属于全省的案件高发区，这里的群众上访曾占郑州上访总人数的一半。这一度让郑州市公检法系统的人感到头疼。面对如此艰难险阻的新地方、新岗位，任长霞肩负党和人民的重托，用自己敢打必胜的钢铁般意志和不屈不挠的勇气，带领广大干警用实际行动谱写了一曲曲催人泪下的浩然正气歌。她嫉恶如仇，忧民疾苦，不畏恐吓，连续端掉五个涉黑犯罪团伙，被当地百姓誉为"女包公"、"任青天"。她以自己的忠诚、才干和辉煌业绩先后荣获全国"五一劳动奖章"、"三八红旗手"、"优秀人民警察"、"中国十大女杰"等20多项荣誉称号。在任长霞因公殉职后，追悼会上有14万群众自发前去悼念，她用自己可歌可泣的模范英雄行为在人们心中树起一座永不磨灭的丰碑。

有的人死了，但他们却活着。常香玉、任长霞就是这样精神永存、永远活在人们心中的人。对于她们的离去，社会各界人士都深感悲痛和惋惜，但同时也觉得她们虽死犹生，因为她们的无私奉献精神和高贵品质永远留在人们的记忆中。

她们对党的无限忠诚，对人民群众的无限忠诚和那种爱民、敬民、为民的衷肠柔情，永远激励活着的人在不同的岗位上努力扎实地工作。

第四章 自知者明
——老子这样说做人

做人是一生的修炼，"知人者智，自知者明"、"胜人者有力，自胜者强"。一个人存活于世，倘若能做到知己知彼，就是一个明智的人，这是做人的大智慧。认识自己，认清别人，这是人生的重要法则，坚持恪守这项重要的法则，人生之路才会走得越来越顺。

第四章 自知者明
——老子这样说做人

知人者智，自知者明

【原典】

知人者智，自知者明。

——《道德经·第三十三章》

【古句新解】

能认识别人的叫做机智，能认识自己的才叫做高明。

自我品评

智，是自我之智。明，是心灵之明。"知人者"，知于外；"自知者"，明于道。智者，知人不知己，知外不知内；明者，知己知人，内外皆明。智是显意识，形成于后天，来源于外部世界，是对表面现象的理解和认识，具有局限性和主观片面性；明，是对世界本质的认识，具有无限性和客观全面性。欲求真知灼见，必返求于道。只有自知之人，才是真正的觉悟者。

老子非常重视人的智慧，并用两个字来表述它：一个是"智"，一个是"明"。

在老子看来，人生在世自然而然就有智慧，而且也必须有智慧。因为人既然来到世上，那就要生活；要生活就要与外界打交道，就要适应外界的变化，利用外界的事物；要适应外界的变化，利用外界的事物，那就要认识外界事物，把握外界事物变化的规律。而这就需要智慧。没有智慧就不能生存，更不可以发展。

他在对外部世界做了深刻的观察之后，又将目光折射回来，观察到了人自身。在他看来，人的智慧是由两部分组成的：一部分是对外部世界的认识，另一部分则是对人自己的认识。他说：知人者智，自知者明。胜人者有力，自胜者强。在老子看来，了解他人和了解自己都是智慧，然而了解自己比了解他人更进了一步。战胜他人表明自己有力量，而战胜自己则表明自己很强大。

其一是因为，了解自己要比了解他人难。之所以说难，那是因为自己看不到自己，自己想不到自己；而要看到自己，想到自己要有更大的智慧，就需要有以他人为鉴的能力。

这一点，战国时期的哲学家韩非子用具体事例做了说明。楚庄王只看到越国朝政混乱、兵力薄弱，而看不到自己国家朝政混乱和兵力薄弱，因此想去讨伐越国。楚庄王的谋臣杜子认为这是不明智的，并且用眼睛只能看到外物而看不到自己为比喻，使楚庄王明白了自己的缺陷，停止了愚蠢的行动。韩非子通过这个事例说明了老子的"自知者明"，并且下结论说：达到有智是很难的，之所以难，不是难在了解他人，而是难在了解自己。

其二是因为，了解自己以具有自我意识为前提，而自我意识一旦产生，就将会把人的智慧由个体自我意识引向类别自我意识。当人有了个体自我意识的时候，也就在人的头脑中树立起了一个自我的标的，形成了一个全新的认识目标；向着这个目标前进，就会在深入了解个体自我的基础上，逐步形成类别自我的意识。

我们常常认为，最了解自己的当然是自己，但古希腊哲学家苏格拉底"认识你自己"的箴言道出了一个千百年来困扰着一代又一代人的命题。"认识你自己"还被刻在古希腊阿波罗神殿的石柱上，告诫着人们应该有自知之明。老子认为"自知"、"自胜"比"知人"、"胜人"更重要，更难以做到。所以，了解别人是智慧，了解自己是圣明。

轻诺必寡信，多易必多难

【原典】

大小多少。报怨以德。图难于其易，为大于其细；天下难事，必作于易；天下大事，必作于细。是以圣人终不为大，故能成其大。夫轻诺必寡信，多易必多难。是以圣人犹难之，故终无难矣。

——《道德经·第六十三章》

【古句新解】

大生于小，多起于少。处理问题要从容易的地方入手，实现远大要从细微的地方入手。天下的难事，一定从简易的地方做起；天下的大事，一定从微细的部分开端。因此，有"道"的圣人始终不贪图大贡献，所以才能做成大事。那些轻易发出的诺言，必定很少能够兑现的，把事情看得太容易，势必遭受很多困难。因此，有道的圣人总是看重困难，所以最终就没有困难了。

自我品评

老子的大智大慧，对于人性有深刻的洞察，所以他一针见血地指出，轻易许诺的人必定信用不足。老子说这话的目的一方面是告诫我们不要上花言巧语的骗子的当，更重要的是让我们守信用，重诺言，不做言而无信的轻薄之徒。

以诚信待人，是成大事者的基本做人准则。无论你是谁，做人做事，都应讲"诚信"二字。养成诚实守信的习惯，在事业上用这种习惯来工作，方可在竞争中取得胜利。"诚"是一个人的根本。待人以诚，就是信义为要。精诚所至，金石为开，诚能感化万物，也就是所谓的"心诚则灵"。相反，心不诚则不灵，行则不通，事则不成。一个心灵丑恶、为人虚伪的人根本无法取得人们的信任。

明代诗人朱舜水说得更直接："修身处世，一诚之外更无余事。故曰：'君子诚之为贵'，自天子至于庶人，未有舍诚而能行事也；今人奈何欺世盗名矜得计哉？"所以，诚是人之所守，事之所本。只有做到内心诚而无欺的人，才是能自信、信人并取信于人的人。假如你要干大事，就要做到诚挚待人、光明坦荡、宽人严己、严守信义。只有这样，才能赢得他人的信赖和支持，从而为事业发展打下良好的基础。

自古以来，中国人都十分注重讲信用，守信义。诺言能否兑现往往是检验一个人是否守信的重要依据，清代顾炎武曾赋诗言志："生来一诺比黄金，哪肯风尘负此心。"表达了自己坚守诺言的处世态度和内在品格。可以说，中国人历来把守信作为为人处世、齐家治国的基本品质，主张言必行，行必果。守信是中华民族的优秀文化传统之一。

东汉时，汝南郡的张劭和山阳郡的范式同在京城洛阳读书，交情很深，学业结束他们分别的时候，张劭站在路口，望着天空的大雁说："今日一别，不知何年才能见面……"说着，流下泪来。范式拉着张劭的手，劝解道："兄弟，不要伤悲。两年后的秋天，我一定去你家拜望老人，同你聚会。"

落叶萧萧，篱菊怒放，转眼就到了两年后的秋天。张劭突然听见天空一声雁叫，牵动了情思，不由自言自语地说："他快来了。"说完赶紧回到屋里，对母亲说："妈妈，刚才我听见天空雁叫，范式快来了，我们准备准备吧！"他妈妈不相信，摇头叹息："傻孩子，山阳郡离这里千余里路，范式怎会来呢？"张劭说："范式为人正直、诚实、极守信用，不会不来。"老妈妈只好说："好好，他会来，我去备点酒。"其实，老人并不相信，只是怕儿子伤心，宽慰宽慰儿子而已。

约定的日期到了，范式果然风尘仆仆地赶来了。旧友重逢，亲热异常。老妈妈激动地站在一旁直抹眼泪，感叹地说："天下真有这么讲信用的朋友！"范式重信守诺的故事一直为后人传为佳话。

在人际交往中，如果真能主动帮助别人办点事，这种精神当然是可贵的。但是，办事要量力而行，说话要注意掌握分寸。因为诺言的能否兑现不仅有自己努力程度的问题，还有一个客观条件的因素。有些在正常情况下是可以办到的事，后来由于客观条件起了变化，一时办不到，这种情况是有的，这就要求我们在别人面前，不要轻率地许诺。有的事，明知办不到，就应向别人说清楚，要相信别人是通情达理的，是会原谅的，千万不要打肿脸充胖子，在别人面前逞能，轻率许诺。这样不但得不到友谊和信任，反而会失去朋友。所以我们千万不能轻许诺言，等到事情有了十足的把握再说也不迟。

能履行自己诺言的人会受到敬重，轻易许诺又不能履行就会受到别人的鄙薄，给自己增加了许多精神负担。

诚信是人本身素质的一种体现，是每个人生活事业中的垫脚石。它对人自身有百利而无一害，有谁愿意抛弃诚信，与自己的前途未来过不去？诚信，犹如一袭华丽的晚装，衬托出你高贵的气质。伴着这晚装，无论身在何处，你都会在人群中脱颖而出，遍行天下山山水水。

讲信用，守诺言，是立身处世之道，是一种高尚的品质和情操。它既体现了对人的尊敬，也表现了对己的尊重。因此我们反对那种"言过其实"的许诺，也反对使人容易"寡信"的"轻诺"，更反对"言而无信"的丑行！

以其无私成其私

【原典】

是以圣人后其身而身先；外其身而身存。非以其无私邪？故能成其私。

——《道德经·第七章》

【古句新解】

因此圣人他把自己的利益置于民众之后，民众却把他的利益捧在前头；他把自己的利益置于身心之外，其身心却得以完美地存活。圣人所做的一切不正是因为没有私心杂念吗？因此，圣人的理想总能得以成就。

自我品评

老子认为：天地由于"无私"才能长存永在，人间的"圣人"由于忘私退身而成就其伟大理想。我们都知道大禹为人民治水，八年在外，三过家门而不入。人民拥戴他为天子，他就足以成为"圣人"，圣人是处于最高地位的理想的统治者。

这句话反映了老子以退为进的思想主张。他一再地歌颂天地，天地是"道"所产生并依"道"的规律运行而生存，是客观存在的自然，

第四章 自知者明
——老子这样说做人

从而真正地体现道。老子用朴素辩证法的观点，说明"利他"（"退其身"、"外其身"）和"利己"（"身先"、"身存"）是相互统一的。老子认为"利他"往往能够转化为"利己"，以此说服人们都来"利他"。

对他而言，人道既要用于为政治，又要用于修身养性，而且最重要的是要切实效法天地的无私无为。对天地来说，"以其不自生也，故能长生"。

"圣人后其身而身先"，指落于人后反能先到。"圣人外其身而身存"，就是说把身体交出去，反而能保存。意思是用小我换大我，以"无我"的方式"为我"。

石头把自己交给路，反而无伤害，能长久。美玉把自己藏在山里，反而被开采，不能存璞。"以其无私成其私"，就是用无私来成就自己。有的人永不满足，所以永远得不到。有的人容易满足，所以能够得到。

吕蒙正在宋太宗、宋真宗时三次任宰相。他不喜欢把人家的过失记在心里。他刚任宰相不久，上朝时，有一个官员在帘子后面指着他对别人说："这个无名小子也配当宰相吗？"吕蒙正假装没有听见，就走了过去。许多官员都为他愤愤不平，要求查问这个人的名字和担任什么官职。吕蒙正急忙阻止了他们。退朝以后，那些官员心情还是平静不下来，后悔当时没有及时查问清楚。吕蒙正却对他们说："如果一旦知道他的姓名，那么一辈子就忘不掉。宁可不知道，不去查问他，这对我有什么损失呢？"官员们都佩服他气量恢弘。

有道的人把自己退在后面，反而能赢得爱戴；把自己置于度外，反而能保全生命。一个人活在世上，不能以一己之心去衡量他人思想。也不能只关注自己而忘却他人的存在。学会做一个心底无私的人，你会因自己的无私而得到别人的敬仰，还会得到许多意外的收获。

战胜自己才是真正的强者

【原典】

胜人者有力，自胜者强。

——《道德经·第三十三章》

【古句新解】

能战胜他人的有力量，能战胜自己的是强者。

自我品评

保罗·迪克的祖父留给他一座美丽的森林庄园，他一直以此而自豪。可是不幸发生在那年深秋，一道耀眼的雷电引发了一场山火，无情地烧毁了那片郁郁葱葱的森林。伤心的保罗决定向银行贷款，以恢复森林庄园以往的勃勃生机，可是银行却拒绝他的申贷。

沮丧的保罗茶饭不思地在家里躺了好几天。太太怕他闷出病来，就劝他出去散散心。保罗走到一条街的拐角处，看见一家店铺的门口人山人海。原来一些家庭主妇在排队购买用于烤肉和冬季取暖用的木炭。看到那一截截堆在箱子里的木炭，保罗忽然眼前一亮。回去后，他雇了几个炭工，把庄园里烧焦的树木加工成优质木炭，分装成1000箱，送到集市上的木炭分销店。结果，那1000箱木炭没多久便被抢购

第四章 自知者明
——老子这样说做人

一空。这样，保罗便从分销商手里拿到了一笔钱。第二年春天他购买了一大批树苗。终于，他的森林庄园又绿浪滚滚了。

一场大火烧毁了前人留给他的一座美丽的森林庄园，也毁掉了他曾经拥有的自豪。面对挫折和失败，主人公用自己的聪明才智战胜了困难，重新赢回了失去的一切。

"胜人者"，凭借的是自我个体的蛮力，"自胜者"，凭借的是坚强的意志。能够战胜自我的人，是具有天地之志的人。天地之志是收获大道、战胜一切的力量源泉。只有"自胜者"，才是真正的强者。能以己之长处胜过别人，则可以形容为"有力"。而真正做到战胜自己不合于大道的种种欲望，除去自己的弱点和缺陷，才是真正的"强"。

老子说的"自胜"，可能包含了两种不同的意义。前一种就是克制、战胜自我。老子认为"自胜"比"胜人"更为困难，是因为我们自身的人格缺陷以及恶劣的习性，都是根深蒂固的东西，是"自我"的构成因素。比如当一个人的权利、名誉、地位和利益应有尽有的时候，他最害怕什么呢？那就是伴随而来的孤独。人有时在面对自己的时候是很脆弱的。人要战胜自己是如此的困难。然而，一个人如果无法战胜自己，一直在做自己认为不该做的事，就不能称之为成功的人。

在另一种意义上，"自胜"可以理解为：在自我与他人的关系中，不必把注意力放在如何压倒别人、把自我与他人置于对抗的位置，而只需要关心如何发展自己、完善自己。这一层意义与前一层意义，其实是一件事情的两面。人必须战胜自我的人格缺陷，才谈得上完善与发展。一般人说"胜"的时候，总是把眼睛盯着某个对手，而不能达到真正的"强"。"自胜者强"，这是一种更高层次上的"胜"，也可以说是不胜而"胜"。

其实，一个真正强大的人，不需要说自己胜过什么人。成功不是超越别人，而是超越自我。"强者"这顶桂冠只能戴在那些战胜了自己的人头上。古人说："破山中贼易，破心中贼难。"这话实在有道理。每个人都有自己不健康的情感、不良的生活习惯，甚至还有一些见不得人的欲望。如果我们成了这些情感、欲望的俘虏，我们就会变得荒淫、自私、贪婪、怯懦、懒惰，那样，什么坏事和丑事都干得出来，我们就成了披着人皮的野兽，任何一件有价值的工作也办不好。

"成人不自在，自在不成人"。成人立业没有不断地"破心中贼"的意志肯定是不行的！我们平时所说的做自我批评，就是不断战胜自我，把卑鄙的念头和冲动压下去。

一个人想要战胜自己，关键是要自信。一个人在遇到挫折时会有两种心态：一种是，我一定能行，这点失败算什么？另一种是，算了，认输吧，再拼恐怕也躲不过失败的厄运。这两种心态中自信是天使，不自信是魔鬼，而且它们也都是最真实的你自己，最重要的是你要小心不要被魔鬼打败。

有一个学习成绩优秀的青年，去报考一家大公司，结果名落孙山。这位青年得知这一消息后，深感绝望，顿生轻生之念，幸亏抢救及时，自杀未遂。不久传来消息，他的考试成绩名列榜首，是统计分数时，电脑出了差错，他被公司录用了。但很快又传来消息，说他又被公司解聘了，理由是一个人连如此小小的打击都承受不起，又怎么能在今后的岗位上建功立业呢？这个青年虽然在考分上击败了其他对手，可他没有打败自己心理上的敌人，他的心理敌人就是惧怕失败，对自己缺乏信心，给自己制造了心理上的紧张和压力。

世界著名的游泳健将弗洛伦丝，一次从卡得林那岛游向加利福尼亚海湾，在海水中泡了16小时。只剩下一海里时，她看见前面大雾茫茫，潜意识发出了"何时才能游到彼岸"的信号，她顿时浑身困乏，失去了信心。于是她被拉上小艇休息，失去了一次创造纪录的机会。事后弗洛伦丝才知道，她已经快要登上成功的彼岸，阻碍她成功的不是大雾，而是她心中那个可怕的魔鬼。是她自己在大雾挡住视线之后，对创造新的纪录失去了信心，然后才被魔鬼所俘虏。过了两个多月，弗洛伦丝·查德威克又一次重游加利福尼亚海湾，游到最后，她不停地对自己说："离彼岸越来越近了！"她的潜意识发出了"我这次一定能打破纪录！"的信号，顿时浑身来劲，最后弗洛伦丝·查德威克终于实现了目标。

　　人有了信心，就会产生意志力量。人与人之间，弱者与强者之间，成功与失败之间最大的差异就在于意志力量的差异。人一旦有了自信，也就有了力量，就能战胜自身的各种弱点，就能做成在这个世界上能做的任何事情。

　　人生最大的挑战就是战胜自己，唯独自己是最难战胜的。有位作家说得好："自己把自己说服了，是一种理智的胜利；自己被自己感动了，是一种心灵的升华；自己把自己征服了，是一种人生的成熟。大凡征服了自己的人，就有力量征服一切挫折、痛苦和不幸。"

　　在人生道路上，失败和挫折是在所难免的。关键在于我们是否能走出失败的阴影，充满信心地去迎接生活的挑战。失败和挫折并不是最终结局，只要信心不被打碎，用自己的智慧战胜自我，就会成为真正的强者。

谦虚是成长的土壤

【原典】

不自见，故明；不自是，故彰。

——《道德经·第二十二章》

【古句新解】

不有意地表现自己，所以在众物之中才显得很突出；不自以为是，所以在众物之中才显得很卓著。

自我品评

谦虚不仅仅是一种美德，它是一个人内在素质和外在素质的综合反映，是一个人道德素质、业务素质、心理素质以及文化修养的综合表现。它的内涵之丰富远远超出我们现代一般人的想象。谦虚可以使人获取更多的知识，可以使人赢得更多的朋友，也可以使人得到更多成功的机遇。谦虚既是一种美德，更是一种学习态度、处事态度，也是人生观和价值观，是人生一切内在的体现。

谦虚、礼貌包含着我们的祖先对自然文化的骄傲和自豪，是中国人之所以成为中国人的根本特征之一。自古以来，有许多这方面的格

第四章 自知者明
——老子这样说做人

言、警句启迪后人。如"满招损，谦受益"，"虚心使人进步，骄傲使人落后"，"虚心竹有低头叶，傲骨梅无仰面花"，"百尺竿头，还要更进一步"。

著名哲学家苏格拉底对谦虚有非常深刻的认识。他说："谦虚是藏于土中的甜美的根，所有更高的美德由此发芽生长。"可见，谦虚在人生中的重要性是多么大。

一天，苏格拉底的弟子们聚在一块聊天。一位出身富有的学生，当着所有同学的面，夸耀他家在雅典附近拥有一片广大的田地。当他在吹嘘的时候，一直在旁边不动声色的苏格拉底拿出一张地图说："麻烦你指给我看，亚细亚在哪里？"

"这一大片全是。"学生指着地图洋洋得意地说。

"很好！那么，希腊在哪里？"苏格拉底又问。

学生好不容易在地图上找出一小块来，但和亚细亚相比，实在太微小了。

"雅典在哪儿？"苏格拉底又问。

"雅典，这个更小了，好像是在这儿。"学生指着一个小点说着。

最后，苏格拉底看着他说："现在，请你指给我看，你那块广大的田地在哪里呢？"

学生满头大汗找不到了。他的田地在地图上连个影子也没有。他很尴尬地回答道："对不起，我找不到！"

我们所拥有的一切和伟大的天地相比，实在是微不足道。当我们能以一颗谦卑的心，珍惜所获得的一切时，那将是一种更伟大的情操。在我们的生活中，谦虚谨慎的人，往往没有出众的才华。才华出众的人，往往显得不够谦虚谨慎。既有真才实学，又谦虚谨慎的人，实在是比较难得。

中国素称"礼仪之邦"。"礼"作为一种具体的行为来讲，就是指人们在待人接物时的文明举止。也就是现在所说的礼貌。而礼貌的本质是表示对别人的尊重和友善。这种心理需求，是超越时代的，是永存的。然而，一个人如果只懂得礼貌的形式，却没有谦让之心，那么，这不是真正懂得礼貌。谦让也是谦虚、平等的表现，是礼貌的重要内涵。老是自以为大的人其实很不聪明，老是自夸的人其实从来没有彰显什么成就。

朋友相处应保持适当距离

【原典】

治大国，若烹小鲜。

——《道德经·第六十章》

【古句新解】

治理大国和烹制小鲜鱼是一个道理。

自我品评

治大国，若烹小鲜。这一道理用在交友上，就是告诉我们与朋友相处也应有一定的距离。人往往就是这样，越是交往密切，也就极容易分出个厚薄来。而人一旦有了这层认知，一些本来很简单的事情就演变得很复杂化。

朋友之间要交往，就避免不了要接待，吃吃喝喝是常有的事，也是无法避免的事。朋友间的日常交往关键在于度，只是，这其中的度又有谁能够真正把握到呢？这中间要保持什么样的距离才算是合适？合适的距离究竟是多远，又有几人能说得清？如果这种你来我往的交情，延续成相互的谋取利益，这友情就变质了。因为友情一旦掺有了利益的成分，那么，交往就成了交换。而一个换字，就把所有的情感全部颠覆了，友情便被凌迟成不堪注目的创伤。

理查是一家大型跨国公司的雇员，由于工作勤奋努力，成绩斐然，在短短的几年间，步步高升，事业可以说是一帆风顺。而有几位跟他一同起步的同事，限于能力和机会，却至今仍保持着多年前的原状。因此在大家相处之时，理查总觉得不太自然，甚至还有些战战兢兢。

起初他为了避免老同事们指责他过于高傲，惹个"一朝得志便不可一世"的批评，频频地请这几位老同事吃饭，而且说话也比过去更加小心、客气了，饭菜档次更是极显尊重。

不料同事不仅没领他的情，反倒认为他简直得意忘形，太"招摇"了，甚至越发不平衡起来，认为理查原本就是个"草包"，原来就是凭着这些"卑劣"手段爬上去的。理查最终落了个"赔了夫人又折兵"，气得几乎吐血。痛定思痛之后，他决定卸掉包袱，轻装上阵，仅以平常心淡然面对平常事，一切竟然又应付自如了。

理查的经验告诉我们，只有和同事们保持合适距离，才能成为一个真正受同事欢迎的人。不论职位高低，每个人都有自己的工作范围和责任。所以在权力上，聪明的人都不喧宾夺主，但也永远不会说："这不是我分内的事"之类的话，因为过于泾渭分明只会搞坏同事间的关系，而过于泾渭不分，也不利于同事圈这一特定范围。

所以，朋友之间，既要相识、相知又要做到亲密有间，要始终保持着一定的距离，各有各的生活圈子，各有各的精彩故事，彼此不依赖又不生分。相处时谈笑风生，分开时互相惦记；心照不宣时会心一笑，观点相异时各自保留；相互之间既不远得让人感到陌生，也不近得不分彼此；不去打听探究对方的隐私，却又心甘情愿地为其做点力所能及的事情。那么，这才算得上是真正的朋友，真正的友情，真正意义上的君子之交。

现如今，越来越多的人信奉：朋友之交，乃君子之交也。君子之交，理当有所为，有所不为。所谓"君子之交淡如水"恐怕就是提倡一种朋友间的适距原则："太近则昵，太远则疏。过于亲昵则遭忌，忌则谤生；过于疏远则遭议，议论多则是非生。"那么，还是淡如水的好啊！

第四章 自知者明
——老子这样说做人

做人要有同情心

【原典】

田甚芜，仓甚虚；服文采，带利剑，厌饮食，货财有余；是谓盗夸。

——《道德经·第五十三章》

【古句新解】

农田极其荒芜，仓库十分空虚，有的人却还穿锦绣、佩利剑，享用精美的食物，搜刮盈余的财物，对百姓毫无同情怜悯之心，这种人就叫做强盗头子。

自我品评

老子把不知同情百姓疾苦的人骂作强盗；孟子说："恻隐之心，仁之端也。"讲的是同情之心是仁的萌芽，是爱的开始。托尔斯泰说，要是他有两件外套而别人没有，他就会不安。他们都强调了同情心的重要性。

每一个生活在世间的人们，谁敢说自己一生都会顺利、不遇到一点困境？常言道：天有不测风云，人有旦夕祸福。不管是生活上还是事业上，任何人都可能遇到磕磕碰碰，遇到各种各样、大大小小的困

099

难，需要得到帮助，也许他身边人的一臂之力就可能使他渡过难关。

　　小时候听大人训斥孩子："笑话人，不如人！"就是说对别人遇到的困难千万不能抱着冷眼旁观甚至幸灾乐祸的态度，如果你在别人遇到麻烦时抱着这种不友善的态度，也许将来在你遇到的困难和不幸比他还要大的时候会懊悔万分。孟子还说："无恻隐之心，非人也！"讲一个人如果连同情心都没有，简直就不是人。

　　中华民族是一个善良宽容并富于同情心的民族，即便他们曾遭受身心的巨大痛苦和伤害，即便自己曾经承受巨大的屈辱，但对于无辜者、对于弱者却充满仁爱，用他们的爱溶化怨恨，用他们的爱展示出伟大的人性和宽容。在第二次世界大战中，是中国人收留了数万名逃难的犹太人，在自己缺衣少食的情况下，给予他们帮助；看看那些在抗日战争中被日本人丢弃的遗孤，也正是遭受日寇杀戮、蹂躏、对侵略者有着血海深仇的中国百姓，用他们那颗充满慈爱的心，节衣缩食地将这些日本遗孤抚养成人！这些都充分展示出了中华民族无比宽大的胸襟。

　　北京北郊一个城乡结合部正在大搞建设，工地一角突然坍塌，脚手架、钢筋、水泥、红砖无情地倒向下面正在吃午饭的民工的躯体，烟尘四起的工地顿时传来伤者痛苦的呻吟。这一切都被路过的两辆旅游大客车上的人看在眼里。旅游车停在路口，从车里迅速下来20多名年过半百的老人，他们好像没听见领队"时间来不及了"的抱怨，马上开始有条不紊地抢救伤者。现场没有夸张的呼喊，没有感人的誓言，只有训练有素的双手和默契的配合。没有手术刀就用瓷碗碎片打开腹腔，没有纱布就用他们自己的换洗衬衣压住伤口。急救车赶来的时候，已经是60分钟以后的事情，用一个匆匆赶来的外科医生的话来说，这些老人至少保住了10个民工的生命。

　　记得前几年，广东一个餐馆的厨师在从蛇笼里捉蛇的时候，被一条毒蛇咬了，伤口蔓延得很快，生命危在旦夕，而当时医治这种蛇毒的特效药只有北京的某个大医院才有，但赶到当地机场却没有航班，

第四章 自知者明
——老子这样说做人

在这紧要的关头，餐馆老板为了挽救厨师的生命，毫不犹豫地花十万元包了一架飞机，火速赶到北京，由于治疗及时，厨师终于得救了，这件事在当时被传为一段佳话。

在生活中，倘若遇到因失败而受挫的人，请不要放弃他。如果对方是需要信心的人，那么就去帮助他总结教训多加劝慰；如果对方需要冷静，那么就递给他一杯水然后离开；如果他一个人支撑不住的时候，那么就挺起胸和他站在一起！

当你犯了错误、失败的时候，也希望得到别人的帮助、劝慰，而非冷嘲热讽甚至落井下石。同情心是人的美好品德之一，一个具有深切同情心的人很容易得到别人的尊重。将心比心，如果你能体谅他人的处境，并且在他们需要的时候伸出援助之手，你定会得到大家的信任和尊重。

人应该学会宽容

【原典】

心善渊。

——《道德经·第八章》

【古句新解】

心胸如水一样虚静深远。

自我品评

老子认为,人应该宽容,让心胸如水一般虚静深远,包容一切,也能化解一切。

古希腊神话中有一位大英雄叫海格里斯。一天他走在坎坷不平的山路上,发现脚边有个袋子似的东西很碍脚,海格里斯踩了那东西一脚,谁知那东西不但没有被踩破,反而膨胀起来,加倍地扩大。海格里斯恼羞成怒,抄起一条碗口粗的木棒砸它,那东西竟然长大到把路堵死了。正在这时,山中走出一位圣人对海格里斯说:"朋友,快别动它,忘了它,离它远去吧!它叫仇恨袋,你不犯它,它便小如当初,你侵犯它,它就会膨胀起来,挡住你的路,与你敌对到底!"

在茫茫人世间,我们难免与别人产生误会、摩擦。如果不注意,

第四章 自知者明
——老子这样说做人

心中的仇恨袋便会悄悄增长，最终会导致堵塞了通往成功之路。所以我们一定要记着在自己的仇恨袋里装满宽容，那样就会少一分烦恼，多一分机遇。学会宽容，对于化解矛盾，赢得友谊，保持家庭和睦，婚姻美满是至关重要的，同时，对你的工作也具有重要的推动作用。因此，宽容大度被认为是一个人必不可少的品质。

有些人看到别人升迁了，就认为那是溜须拍马的结果；看到别人发财了，就认为是幸运，或者是违法犯纪所得……其实每个人的成就，都与他自身的努力密不可分。但如果缺乏宽容之心，你就看不到这些，这样你将无法处理好人际关系，而且也丧失了学习别人优点的机会。当然，确实有一些人靠着出风头、溜须拍马，吸引了上司的注意力，或者有些人靠着裙带关系成为红人，平时的工作都是你做的，但得到提拔的却是他们，得到高薪水的也是他们。但这时你也一定要宽以待人，而不要记恨他们。因为任何一个公司真正需要的，就是像你这样的实干者。你拥有了知识以及解决问题的方法，这些就是你的财富，它们会给你带来更多的机会，让你一步步攀上成功的顶峰。至于那些滥竽充数之徒，尽管一时春风得意，但总会有露出马脚的一天。

如果我们能够从自己做起，宽容地对待别人，就一定会有许多意想不到的结果。当别人批评我们时，如果我们有一颗宽容的心，就能够心平气和、审视自己。我们就会发现，别人的批评其实是一片好心。但如果我们以敌视的眼光看待别人，对周围的人戒备森严，心胸狭窄，处处提防，最后终会因孤独而陷入忧郁和痛苦之中。这样，人与人之间就会因为一些无法释怀的龃龉而造成永远的伤害。宽容待人，主动关心和帮助别人，这样的人一定会为人所喜爱，受人尊重；反过来，别人也乐意为他们提供机会和帮助，所以宽以待人的人更容易成功。

宽以待人，就是说做人要心胸宽广，忍耐性强，对别人宽厚、容忍。有位哲人曾说过："谁想在厄运时得到援助，就应该在平时宽以待人。"一个平时宽厚的人，顺利的时候可以与之共同奋斗，困难的时候人们也会去帮助他。

罗尔先生就因拥有宽容之心，颇富戏剧性地改变了人生的困境。罗尔在维也纳从事律师工作，一直到"二战"结束后才回到瑞典。他身无分文，急需找到一份工作。他会好几种语言，所以想找个进出口公司担任文书工作。但大多数公司都回信说因为战争的缘故，他们目前不需要这种服务，但他们会保留他的资料等等。其中有一个人却回信给罗尔说："你对我公司的想象完全是错误的，你实在很愚蠢。我根本就不需要文书，即使我真的需要，也不会雇用你，你连瑞典文字都写不好，你的信错误百出。"罗尔收到这封信时，气得暴跳如雷。这个瑞典人居然敢说我不懂瑞典话！他自己呢？他的回信才是错误百出呢。

于是，罗尔写了一封足以气死对方的信。可是他停下来想了一下，对自己说："等等，我怎么知道他不对呢？我学过瑞典语，但它并非我的母语。也许犯了错，我自己都不知道。真是这样的话，我应该再加强学习才能做好工作。这个人可能还帮了我一个忙，虽然他本意并非如此。他表达得虽然糟糕，但不能抵消我欠他的人情。我应当写一封信感谢他。"罗尔把写好的信揉掉，另外写了一封："你不需要文书，还不厌其烦地回信给我，真是太好了。我对贵公司判断错误，实在很抱歉。我写那封信是因为我查询时，别人告诉我你是这一行的领袖。我不知道自己的信犯了文法上的错误，我很抱歉并觉得惭愧。我会进一步努力学好瑞典语，减少错误。我要谢谢你帮助我成长。"几天后，罗尔又收到回信，对方请他去办公室见面。罗尔应约前往，并得到了一份工作。

要成就大事，要养成良好的品德，就必须要有宽广的襟怀，对他人的一些非原则性的缺点和过失多一些宽容与忍让。

宽容忍让不仅是爱心的体现，也是思想境界的升华。它可以使我们的心灵得到净化和升华，可以给我们带来巨大的人格力量，使我们获取友谊、赢得信任，可以推动我们的事业前进。让我们牢记这句古语吧："用争夺的方法，我们永远得不到满足，但用宽容的方法，我们可能得到比我们期望的更多。"

第四章 自知者明
——老子这样说做人

以德报怨，忘记仇恨

【原典】

报怨以德。

——《道德经·第六十三章》

【古句新解】

用恩德报答怨恨。

自我品评

老子主张善待他人。即便是那些有意或无意伤害了我们的人，我们也应善待他，用恩德报答怨恨，化干戈为玉帛。古人云："人之有德于我也，不可忘也；吾有德于人也，不可不忘也。"这句话的意思是：别人对我们的帮助，千万不可忘了，反之，别人倘若有愧对我们的地方，应该乐于忘记。

佛法云：故见怨或亲，非理妄加害，思此乃缘生，受之甘如饴。因此，当怨敌或亲友无理伤害我们的时候，我们应立即想到"这些伤害都是从因缘聚合而生的"，于是欣然去承受。在日常生活中，每一个人总要遇到一些他人的伤害。一些怨敌会无端给自己制造众多殴打、诽谤、侮辱、嘲讽……还有一些亲友，以前也许相处得不错，但到了一定时候，他们也会翻脸不认人，平白无故地闹出许多是非，给我们带来身心伤害。类似事件，每个人都会有过亲身的体验。面对他人的伤害，如果以牙还牙、以怨报怨，问题会越来越严重。因为他人做出伤害行为时，他的心为烦恼所制而无法自主，如果在此时遇到了抵抗，定会如同火上浇油，嗔心会更炽盛。

大家知道，"沙门四法"的原则是：骂不还口，打不还手，不以嗔怒对嗔怒，不以揭短对揭短。如果以怨报怨，就违背了人必须遵循的行为准则，平时修持的功德，也就会在刹那之间毁坏殆尽。最终的结果，于人无益，于己有害，所以这种以怨报怨的行为，是万万不可采取的。乐于忘记旧怨是一种心理平衡的方法。

有一句名言叫做："生气是用别人的过错来惩罚自己。"老是"念念不忘"别人的"坏处"，实际上最受其害的就是自己的心灵，把自己搞得痛苦不堪，何必呢？这种人，轻则自我折磨，重则就可能导致疯狂地报复，最终害人害己。

人要有点"不念旧恶"的精神，况且在同事之间，在许多情况下，人们误以为"恶"的，又未必就真的是什么"恶"。退一步说，即使是"恶"吧，对方心存歉疚，诚惶诚恐，你不念旧恶，以礼相待，说不定也能使对方改"恶"从善。

唐朝的李靖，曾任隋炀帝的郡丞，他最早发现李渊有图谋天下之意，曾亲自向隋炀帝检举揭发。李渊灭隋后要杀李靖，李渊之子李世民反对这种报复行为，再三强求保他一命。后来，李靖驰骋疆场，征战不疲，安邦定国，为唐朝立下赫赫战功。魏征曾鼓动太子建成杀掉李世民，李世民同样不计旧怨，量才重用，使魏征觉得"喜逢知己之主，竭其力用"，也为唐王朝立下了大功。

宋代的王安石对苏东坡的态度，应当说，也是有那么一点"恶"行的。他当宰相那阵子竭力推行变法，因为苏东坡与他政见不同，便借故将苏东坡降职减薪，贬官到了黄州，搞得他好不凄惨。然而苏东坡胸怀大度，他根本不把这事放在心上，更不念旧恶。王安石从宰相位子跌下来后，两人关系反倒好了起来。苏东坡不断写信给隐居金陵的王安石，或共叙友情，互相勉励，或讨论学问，十分投机。

相传唐朝宰相陆贽，有职有权时，曾偏听偏信，认为太常博士李吉甫结伙营私，便把他贬到明州做长史。不久，陆贽被罢相，贬到明州附近的忠州当别驾。后任的宰相明知李、陆有点私怨，便玩弄权术，特意提拔李吉甫为忠州刺史，让他去当陆贽的顶头上司，意在借刀杀人。不想李吉甫不计旧怨，上任伊始，便特意与陆贽饮酒结欢，使那位现任宰相借刀杀人之阴谋成了泡影。对此，陆贽深受感动，便积极出点子，协助李吉甫把忠州治理得一天比一天好。李吉甫不图报复，宽待了别人，也帮助了自己。

一位名叫拉比的卖砖商人，由于另一位对手的竞争而陷入困难之中。对方在他的经销区域内定期造访建筑师与承包商，告诉他们：拉比的公司不可靠，他的砖块不好，生意也面临即将歇业的危险。拉比对别人解释说他并不认为对手会严重伤害到他的生意。但是这件麻烦事使他心中生出无名之火，真想"用一块砖来敲碎那人的脑袋作为发泄"。

"有一个星期天早晨，"拉比说，"牧师讲道时的主题是要施恩给那些故意为难你的人。我就把在上个星期五，我的竞争者使我失去了一份25万订单的事跟牧师说了。但是，牧师却教我要以德报怨，化敌为友，而且他举了很多例子来证明他的理论。当天下午，我在安排下周日程表时，发现住在弗吉尼亚州的我的一位顾客，正因为盖一栋办公大楼需要一批砖，对方所指定的砖型号并不是我们公司制造供应的，而与我竞争对手出售的产品很类似。同时，我也确定那位满嘴胡言的竞争者完全不知道有这笔生意机会。"

这使拉比感到为难，是遵从牧师的忠告，告诉给对手这笔生意的机会，还是按自己的意思去做，让对方永远也得不到这笔生意？那么到底该怎样做呢？拉比的内心斗争了一段时间，牧师的忠告一直萦绕在他心田。

最后，也许是因为很想证明牧师是错的，他拿起电话拨到竞争对手家里。接电话的正是那个对手本人，当时他拿着电话，难堪得一句话也说不出来。拉比还是礼貌地直接告诉他有关弗吉尼亚州的那笔生意。结果，那个对手很是感激拉比。拉比说："我得到了惊人的结果，他不但停止散布有关我的谣言，而且甚至还把他无法处理的一些生意转给我做。"拉比的心情也比以前感到好多了，他与对手之间的矛盾也得到了化解。

乐于忘记旧怨是成大事者的一个特征，只有既往不咎，才可甩掉沉重的心理包袱而大踏步地前进。以德报怨，化敌为友，这就是迎战那些终日想要让你难堪的人所能采用的上上策。

第四章 自知者明
——老子这样说做人

学会取舍，不要太过贪婪

【原典】

五色令人目盲；五音令人耳聋；五味令人口爽；驰骋畋猎，令人心发狂；难得之货，令人行妨。是以圣人为腹不为目，故去彼取此。

——《道德经·第十二章》

【古句新解】

缤纷的色彩使人眼花缭乱，嘈杂的声音使人听觉失灵，丰美的食品使人舌不知味，驰马打猎使人心发狂，贵重稀有的物品使人偷和抢。因此高尚的人只求安饱而不逐声色，拒绝物质的诱惑而保持内心安足的生活。

自我品评

老子指出，人不能纵情声色，糜烂生活令人目盲、令人耳聋、令人心发狂，物欲横流让人精神腐蚀。我们之所以丧失自我，甘愿把自己作为商品推销出去，有智力的出卖自己的智力，没有智力的出卖肉体，其根源是我们想以此交换金钱物质，以满足自己贪婪的欲望。

追逐外物必然丧失自己的本性。我们今天的生活，只知拼命攒积金钱财富，只看重动物性的满足发泄，全部身心都沉浸在财富的追逐中，都沉浸在放纵感官肉体的快乐里面。这样，追逐到的财富越多，我们的心灵就越空虚，本性的丧失就越厉害，精神就越贫乏，生命的表现也因此变得越来越少。

元代名士许衡，夏季某一天，他与众人赶路。口干舌燥时，正巧发现路边有一片梨树林，大家一哄而上，摘梨解渴，只有许衡默默不动。别人问他为什么不吃，这梨树没有主人啊！许衡回答说："不是自己的东西，就不该乱拿，现在世道混乱，梨树无主，难道我的心也无主吗？"许衡拒绝诱惑，以不贪为立身持命的"主"，堪称圣贤。内心有主，就是坚持自己的信念不因外部环境的改变而改变。这种人生将是自信、自立、自尊、自爱的，是不会为诱惑所累的。

人们莫不由于对外物的贪欲而丧失本性。小人牺牲自己去求财宝，读书人牺牲自己去求功名，当官的牺牲自己为了升迁，国王牺牲自己去求天下。这几种人事业不同、名声各异，但他们牺牲自己丧失本性却是一样的。隐士伯夷为了名声好听饿死在首阳山下，盗跖为了金银财宝被人打死在金陵山上，这两人死的原因虽然是一个求名一个为利，却同样残害了生命丧失了本性。

最容易使人失去自我的东西是财、官、色、味。为了口腹之乐不惜盗用公款，为了声色之娱可以丧心病狂，为了金钱可以出卖肉体，为了当官更可以出卖良心。这些人弄到了官、财、味、色，还以为自己有所得，脸上浮现着一副得意的神情。其实，这与被装在笼子里卖掉的猴子没有什么两样，笼子里的猴子有吃有喝，我们仍然可怜它被出卖，如今我们出卖了自己换来金钱地位，不仅不知道可怜自己，反而还飘飘然得意起来。

春秋时宋国有个贤人叫子罕，官至辅政。国中有人拿了一块硕大的美玉献给他，可是子罕不接受。献玉者问他："你为什么不要这块玉呢？这是经玉匠鉴定过的宝物，价值连城啊！"子罕回答："我以不贪为宝，而你以玉为宝，我们俩应该各守其宝。请你把玉拿走吧。"

对手握大权的人来说，诱惑实在太多了，欲望也实在太多了。如何抵御种种诱惑？老子说得好，"见欲而止为德"，"邪生于无禁，欲生于无度"。当官掌权者若忘记了世界观的改造，忘记了清正廉洁，忘记了立党为公的道理，难免产生邪心恶念。而"疾小不加理，浸淫将毁身"，到头来就可能出大事，栽大跟头。当权力变成一个工具、一个为满足自己欲望的工具、一个为所欲为的工具的时候，带来的并不是幸福。这种把持权力的人，或许能够得到一时的满足感、获得一时的快乐、获得物质上的富有，但是他们的心里也因此深感不安，诚惶诚恐。

"潘多拉"是希腊神话中的第一个女人。普罗米修斯盗火给人类后，主神宙斯为了报复，就命令火神用黏土做成美女潘多拉，送给普罗米修斯的兄弟厄庇米修斯做妻子。宙斯让潘多拉带给厄庇米修斯一个盒子。潘多拉想知道盒子里装的是什么，就经受不住诱惑，打开了那个盒子。盒子里装的疾病、疯狂、罪恶、嫉妒等祸患一齐飞了出来，使人间从此充满了各种灾祸。抗拒诱惑非常困难，每个人都有许多需要，有衣、食、住、行的需要，也有爱的需要。这些需要的满足是无可厚非的，然而还有一些需要，对人有巨大的诱惑力。而如果为了暂时的满足而抵制不住诱惑，就会造成长远的和重大的损失。

人不能太贪婪。思想家荀子认为，"人生而有欲"，如"饥而欲食，寒而欲暖"等，就是人基于生理需要而产生的生存欲望，是生来就有的；人还有乞求物质与精神享受的欲望，"余财潜积之富"，即聚财致富的欲望等等。对于人的自然的、合理的欲望，荀子主张"制礼义"加以调节，并通过自己的辛勤劳作，以使欲望得到一定程度的满足。荀子同时指出，人往往由于"好利"而使欲望"穷年累世不知足"，因此他强调："欲虽不可去"，但"求可节也"，意思是：对于欲望，既不能禁止，也不能放纵；对于过度的、乃至贪得无厌的奢求，还必须加以节制。

人人都想活得快乐一点、轻松一点、潇洒一点，但终其一生也未必能如愿以偿。羁绊我们的东西就是功名利禄，功名利禄成了人生的境界，似乎功名愈厚，人生也愈美妙滋润。其实功名利禄只是一张用花环编织的罗网，只要你进去了，你就再也无法自在与逍遥。没有功名利禄，于是想得到功名利禄，得到了小的功名利禄又想得到更大的功名利禄，得到功名利禄，又害怕失去功名利禄。人生就在这患得患失中度过，哪里还能品尝得到人生甘美清纯的滋味呢？世人只知道功名利禄会给人带来幸福，殊不知功名利禄也会给人带来痛苦。为了功名利禄，我们劳心、劳神、劳力；为了功名利禄，我们计划、忙碌、奔波；为了功名利禄，我们怀疑、欺诈、争斗；为了功名利禄，我们玩阴谋、耍诡计、溜须拍马；为了功名利禄，我们如履薄冰、患得患失。

　　万事万物没有贪欲之心了，天下便自然而然达到稳定、安宁。戒贪戒诈，保持内心世界的宁静，是一种很高的精神境界和人生修养。历史上许多仁人志士都深谙"静以修身"、"俭以养德"、"淡泊明志"、"宁静致远"的道理，并且身体力行。面对"灯红酒绿"，如果能够保持平静的心态，甘于淡泊，出淤泥而不染；面对一部分人先富起来，如果能够保持平衡的心态，神闲气安，坚持默默无闻地奉献；面对人生的各种逆境，如果能够保持平常人的心态，做到宠辱不惊、去留无意。那样，才是真正的幸福、持久的幸福、纯粹的幸福。

拥有谦虚谨慎的做人态度

【原典】

以其终不自为大,故能成其大。

——《道德经·第三十四章》

【古句新解】

因为他始终不自以为伟大,所以能够成就他的伟大。

自我品评

托尔斯泰以谦逊闻名,他虽然很有名,又出身贵族,却喜欢和平民百姓在一起,与他们交朋友,也从不摆大作家的架子。

一次,他作长途旅行时,路过一个小火车站。他想到车站上走走,便来到月台上。这时,一列客车正要开动,汽笛已经拉响了。托尔斯泰正在月台上慢慢走着,忽然,一位女士从列车车窗里冲他直喊:"老头儿!老头儿!快替我到候车室把我的手提包取来,我忘记提过来了。"原来,这位女士见托尔斯泰衣着简朴,还沾了不少尘土,把他当作车站的搬运工了。

托尔斯泰赶忙跑进候车室拿来提包,递给了这位女士。

女士感激地说:"谢谢啦!"随手递给托尔斯泰一枚硬币,"这是赏给你的。"

托尔斯泰接过硬币,瞧了瞧,装进了口袋。

正巧,这位女士身边有个旅客认出了这个风尘仆仆的"搬运工"就是托尔斯泰,就大声对女士叫道:"太太,您知道您赏钱给谁了吗?他就是列夫·托尔斯泰呀!"

"啊!老天爷呀!"女士惊呼起来,"我这是在干什么事呀!"她对托尔斯泰急切地解释说:"托尔斯泰先生!托尔斯泰先生!看在上帝面儿上,请别计较!请把硬币还给我吧,我怎么能给您小费,多不好意思!我这是干出什么事来啦。"

"太太,您干嘛这么激动?"托尔斯泰平静地说,"您又没做什么错事!这个硬币是我挣来的,得收下。"

真正伟大的人从不自以为伟大,他是很谦逊的。谦逊是成功人士必备的品格,具有这种品格的人,在待人接物时能温和有礼、平易近人、尊重他人,善于倾听他们的意见和建议,能虚心求教、取长补短。对待自己有自知之明,在成绩面前不居功自傲;在缺点和错误面前不文过饰非,能主动采取措施进行改正。

谦逊永远是一个人建功立业的前提和基础。不论你从事何种职业,担任什么职务,只有谦逊,才能保持不断进取的精神,才能增长更多的知识和才干。因为谦逊的品格能够帮助你看到自己的差距。永不自满,不断前进可以使人能冷静地倾听他人的意见和批评,谨慎从事。否则,骄傲自大,满足现状,停步不前,主观武断,轻者使工作受到损失,重者会使事业半途而废。

有一个自认为很博学的博士毕业后到一机关上班,成为那里学历最高的一个人。有一天他到单位后面的小池塘去钓鱼,正好有两位同事也在钓鱼。"听说他俩也就是本科生学历,有啥好聊的呢?"这么想着,他只是朝两人微微点了点头。不一会儿,两位放下钓竿,伸伸懒腰,蹭蹭蹭从水面上如飞似地跑到对面上厕所去了。博士眼睛瞪得都快掉下来了,"水不深?不会吧?这可是一个池塘啊!"不久二人上完

第四章 自知者明
——老子这样说做人

厕所回来的时候，同样又是蹭蹭蹭地从水上飞回来了。过了一会儿，博士也内急了。这个池塘两边有围墙，要到对面厕所非得绕十分钟的路，而回单位上又太远，怎么办？博士也不愿意去问那两位，憋了半天后，心想："我就不信这本科生学历的人能过的水面，我博士不能过！"只听"扑咚"一声，博士栽到了水里。两位同事赶紧将他拉了出来，问他为什么要下水，他反问道："为什么你们可以走过去，而我却掉水里了呢？"两位同事相视一笑，其中一位说："这池塘里有两排木桩子，由于这两天下雨涨水，桩子正好在水面下。我们都知道这木桩的位置，所以可以踩着桩子过去。你不了解情况，怎么也不问一声呢？"

具有谦逊品格的人不喜欢装模作样，摆架子，盛气凌人，能够虚心向群众学习，了解群众的情况。美国第三届总统托马斯·杰斐逊提出："每个人都是你的老师。"杰斐逊出身贵族，他的父亲曾经是军中的上将，母亲是名门之后。当时的贵族除了发号施令以外，很少与平民百姓交往，他们看不起平民百姓。然而，杰斐逊没有沾染贵族阶层的恶习，主动与各阶层人士交往。他的朋友中当然不乏社会名流，但更多的是普通的园丁、仆人、农民或者是贫穷的工人。他善于向各种人学习，懂得每个人都有自己的长处。有一次，他和法国伟人拉法叶特说："你必须像我一样到民众家去走一走，看一看他们的菜碗，尝一尝他们吃的面包，只要你这样做了的话，你就会了解到民众不满的原因，并会懂得正在酝酿的法国革命的意义了。"由于他作风扎实，深入实际，他虽高居总统宝座，却很清楚民众究竟在想什么，他们到底需要什么。这样，他就在密切群众关系的基础上，进而成为一代伟人。

谦逊的品格，还能使一个人面对成功和荣誉时不骄傲，把它视为一种激励自己继续前进的力量，而不会陷在荣誉和成功的喜悦中不能自拔，把荣誉当成包袱背起来，沾沾自喜于一时之功，不再进取。居里夫人就以她谦逊的品格和卓越的成就获得了世人的称赞，她对荣誉的特殊见解，使很多喜欢居功自傲、浅尝辄止的人汗颜不已。

也正因为她的高尚品格的影响，后来她的女儿和女婿也踏上了科学研究之路，并再次获得了诺贝尔奖，成为令人敬仰的两代人三次获诺贝尔奖的家庭。

任何人都不喜欢骄傲自大的人，这种人在与他人合作中也不会被大家认可。你可能会觉得自己在某个方面比其他人强，但你更应该将自己的注意力放在他人的强项上，只有这样，你才能看到自己的肤浅和无知。任何一个人，都可能是某个领域的行家里手，所以你必须保持谦逊，你看到自己的短处，这样才会促使自己不断地进步。

谦虚谨慎是做人的一种态度，是一种美德，能使人学到他人的长处，使人冷静思考。这对一个人的立身创业至关重要。唐代史学家吴兢在《贞观政要·谦让》中说："己虽有能，不自矜大，仍就不能之人，求访能事；己之才艺虽多，犹病以为少，仍就寡少之人更求所益。"谦虚谨慎，低调做人，恭敬和气，心淡人静，知进知退，便会富有人缘，获人拥戴。

第五章 与人为善

——老子这样说处世

　　品格是一个人同他人交往的良好通行证。美好的言辞可以让人亲近，优雅的举止可以让人称赞，真诚的心灵会得到人们的热爱。一个有修养的人，在与他人交往的时候一定会拥有与人为善的念想、博大的胸怀和宽广的气度。

真诚待人给自己留余地

【原典】

上德若谷，大白若辱，广德若不足，建德若偷。

——《道德经·第四十章》

【古句新解】

上德的人虚怀若谷，在大庭广众之下却看似卑微。广德的人总是表现出好像德行还有不足的谦虚。建德者做了仁德之事后绝对不会四处张扬。

自我品评

清朝时，胡雪岩与王有龄、张胖子一道赶往上海，为海运局上一任留下的运粮问题费尽周折。胡雪岩与张胖子经过一番努力，与松江漕帮老大尤五达成协议，先由松江漕帮在上海的通裕米行垫付十几万石大米，以解浙江海运漕米难运之困。待下一步浙江漕米运到上海，再以等量大米归还松江漕帮。当时的漕帮正处于内外人都在谈漕运改为海运。漕帮外在力量雄厚，根深蒂固，派头、场地都过得去。但作为龙头老大，心中自有一本难念的经。整个漕帮自乾隆年间开始一直借债度日。当时漕帮有一批粮想卖掉，换些现银，让众位下属心里有个安慰。但胡雪岩借米，还的仍然是米，而非现银。时下现银很紧张，但面对胡雪岩这位生客，而且又是师父魏老太爷看重的人，尤五实在不好意思说出自己的难处。

其实，胡雪岩早知道漕帮定有难处。他心中盘算着，做人总要为他人设想，于是诚恳地请尤五说出自己的难处，有事大家一起商量。一番诚恳的心意表白出来，尤五心中对胡雪岩有了一个较好的印象，于是他用感激的声音答道："岩叔，您老人家真是体谅！不过老头子已经有话交代，您就不必操心了。今天头一次见面，还有张老板在这里，先请宽饮一杯。明天我们照吩咐去办就是了。"胡雪岩对尤五的回答也非常满意，心想正是因为自己的话"上路"才有这样漂亮的答复。所谓"人敬我一尺，我敬人一丈"，尤五说的这些话，自然受魏老太爷的影响，既然说要帮他一定会算数。但自己这方面，既已知他有难处，而且说出了口，若以为有这样漂亮的答复就假装痴呆，不谈下文，岂不成了"半吊子"？交情自然到此为止，没有下次了，于是胡雪岩非常认真地说："话不是这样讲！不然于心不安，五哥！我再说一句，这件事要你们这方面能做才做，要是有些勉强，我们宁愿另想办法，江湖上行走，不能做害好朋友的勾当。"

"岩叔这样子说，我不讲实话，就不是自己人了。"尤五终于将自己"当家人"的许多难处说了出来。帮里的亏空要弥补倒还在其次，眼看漕运一改海运，使得江苏漕帮的处境异常艰难，无漕可运，收入大减，帮里弟兄的生计要设法维持，还要设法活动撤销海运，恢复河运，各处打点托情，哪里不要大把银子花出去？全靠这十几万石大米。由于借给胡雪岩，不仅没有银款入账，将来还的还是大米。虽说以后浙江海运局还米过来正值五六月份青黄不接，可以赚一笔差价，但与自己这方面脱贷求现的宗旨完全不符。胡雪岩了解此情况后，当即要求张胖子开一张十万两银子的银票，即借十万银子给尤五渡难关。当时由于漕运改海运，许多钱庄都去巴结海船帮，不敢对漕帮放债，怕担风险。尤五一来怕失面子，二来自己也想争口气，所以抱定"求人

第五章 与人为善
——老子这样说处世

不如求己"的宗旨，不向钱庄借款，只求尽早脱货求现。

这样一来，尤五释然了，非常欣慰，向胡雪岩连连拱手谢道："好极了，好极了！这样一做，面面俱到。说实在的，倒是岩叔帮我们的忙了，不然，我们脱货求现，一时还不太容易。"胡雪岩也相当高兴，这件事做得实在太顺利了。当晚宾主双方尽醉极欢，商量好一切事情就等第二天见面到上海办理。

第二天，胡雪岩将与尤五商量好的事情向王有龄说了一下。王有龄也觉得欣慰，事情办得这么顺利倒真有点出乎意料。忽然，王有龄像想起了什么，若有所思地两眼望空，脸上的表情很奇怪，倒叫胡雪岩有些猜不透，一问之下才知王有龄忽然有了主意。原来王有龄素知粮价在青黄不接又加兵荒战乱年代一定会猛涨，于是放低声音对胡雪岩说："我有个主意，你看行不行？与其叫别人赚，不如我们自己赚。好不好跟张胖子商量一下，借一笔款子来，买了通裕的米先交兑。浙江的那批漕米，我们自己囤着，等价钱好再卖。"

胡雪岩正色道："主意倒是好主意，不过我们做不得，江湖上做事，说一句算一句，答应了漕帮的事，不能反悔，不然叫人看不起，以后就吃不开了。"听胡雪岩这么一说，王有龄也十分信服，立刻舍弃了自己的"好主意"。

胡雪岩的这句"说一句算一句"，为他赢得了一个生意场上的好朋友，尤五后来对胡雪岩的生意帮助非常之大。胡雪岩的丝业、粮食运输、军火贩卖等无一不是承靠尤五的优先考虑，才做得那么顺利，更何况尤五身为漕帮老大，为胡雪岩提供了许多有价值的商业信息。

胡雪岩深知在上述场合说出去的话是不能收回的。因此，就是明知改变原来协议，自己囤积，等战事一开，再卖出一定可大赚一笔，也不能这么去做。尤其是江湖上做事，"一句顶一句"的含义就是：答应了的事情或达成的协议，就一定要遵守履行，不能随意反悔，特别是不能如王有龄所想的主意那样，当情况不利于自己的时候，求着别人帮忙，而到了情况可能对自己有利的时候，却又想按着对自己有利的方法办。以一般商人的眼光看，也许王有龄的打算并不过分：一来商人见有钱赚就会变着戏法儿去赚，商人有商人的价值标准；二来漕帮此时本来就急于脱货求现以解燃眉之急，改垫付为收购。也许正合他们的心愿，也算不得是不守信用。但这里还有一个扪心自问的问题。当时胡雪岩与魏老太爷的谈话中已言及自己的意向与办法，如今如果见到有利可图就想着一切按自己的打算做，显然是个"半吊子"。即使能让别人原谅自己，也绝非长期往来的朋友了。

这种重承诺的作风最适于在小范围的朋友圈里树起自己的威信。试想，如果当时胡雪岩按王有龄所说的主意去办，不仅会被江湖上的朋友看不起，恐怕也会被张胖子以及其他下属人员暗中看不起，威信就会大打折扣，让人觉得胡雪岩仅仅是一个唯利是图的小奸商而已。

讲信用是一个人的"修身之本"，也是取信他人的必由之路。作为谋略，言而有信是树立良好形象，维持良好人际关系，巩固和维护个人威信的一剂良药。爱默生说："诚信的人必须对自己守信，他的最后靠山就是真诚。"

没有真情的人生太累，没有真情的伪君子体会不到人间的温暖。所以虽然追求真诚的路很艰难，但人们总在追求。

真诚是人与人交往的试金石，如果我们想得到别人的信任，首先就要先付出自己的真诚，哪怕只是一句平淡的话、一个细小的动作，也许日后就会得到别人成倍的回报。

诚信是做事情的首要条件。如果自己做不到就不要轻易承诺，承诺是极为慎重的事情，一个没有信用的人会因此而失去整个世界。

真诚不是智慧，但是它常常放射出比智慧更诱人的光芒。有许多凭智慧千方百计也得不到的东西，通过真诚，却轻而易举就得到了。正所谓"阳气发处，金石亦透，精诚一到，何事不可成？"

1754年，美国独立以前，弗吉尼亚殖民地议会选举在亚历山大里亚举行。后来成为美国总统的乔治·华盛顿当时作为这里的驻军长官也参加了选举活动。

第五章 与人为善
——老子这样说处世

选举最后集中于两个候选人。大多数人都支持华盛顿推举的候选人，但有一名叫威廉·宾的人则坚决反对。为此，他同华盛顿发生了激烈的争吵。

争吵中，华盛顿失言说了一句冒犯对方的话，这无异于火上加油，脾气暴躁的威廉·宾怒不可遏，一拳把华盛顿打倒在地。

华盛顿的朋友围了上来，高声叫喊要揍威廉·宾。驻守在亚历山大里亚的华盛顿部下听说自己的司令官被辱，马上带枪赶了过来，气氛十分紧张。

在这种情况下，只要华盛顿一声令下，威廉·宾就会被打成肉泥。然而，华盛顿是一个头脑冷静的人，他只说了一句："这不关你们的事。"就这样，事态才没有扩大。

第二天，威廉·宾收到了华盛顿派人送来的一张便条，要他立即到当地的一家小酒店去。威廉·宾马上意识到，这一定是华盛顿约他决斗。于是，富有骑士精神的他毫不畏惧地拿了一把手枪，只身前往。

一路上，威廉·宾都在想如何对付身为上校的华盛顿。但当他到达那家小酒店时却大为意外：他见到了华盛顿的一张真诚的笑脸和一桌丰盛的酒菜。

"宾先生，"华盛顿热诚地说，"犯错误乃是人之常情，纠正错误则是件光荣的事。我昨天是不对的，你在某种程度上也得到了满足。如果你认为到此可以和解的话，那么请握住我的手，让我们交个朋友吧。"

宾被华盛顿的宽容感动了，忙把手伸给华盛顿："华盛顿先生，也请你原谅我昨天的鲁莽与无礼。"

从此以后，威廉·宾成为华盛顿坚定的拥护者。

当华盛顿被打倒在地时，是很容易失去理智，做出一些悔恨终身的事的。况且当时人多势众，如果他是一个不肯"吃眼前亏"的人，就一定会睚眦必报，严惩对手。可贵的是华盛顿能保持冷静，没有争究谁是谁非，而是以宽容的态度来解决问题，率先伸出了友谊之手，

123

把一个政敌变成了忠诚的拥护者，真不愧具有领袖风范。

人的本质是讲求诚信的，诚信乃为人之本。人们对狡猾、奸诈、虚伪、伪善的做法本是十分反感的，都不愿意与这类人交往。莎士比亚的《麦克白》里有一句话："用最美妙的外表把人们的眼睛欺骗；奸诈的心必须罩上虚伪的笑脸。"人们通常对奸诈者阴暗的一面没有足够的估计，因为对方常以伪善的面孔出现，以微笑、谦逊和所谓的达观示人，他们的举动来得更为隐蔽，更为"温良"。奸诈者虽然能一时让人受骗受害，但最终自己也会为之付出代价。

民国初年，袁世凯一心想登上皇帝的宝座。他指使党羽大造舆论，一时间谣言四起，劝进者络绎不绝。袁世凯心中暗自高兴，但表面上仍装得煞有介事，一有机会就向别人表白自己是拥护共和忠于民国的，即使在他的心腹大将冯国璋、段祺瑞面前也是如此。

据说，冯国璋曾专程赶到北京向袁世凯探听虚实。袁世凯装得一本正经："华甫，你我是自己人，难道你不懂得我的心事？不妨对你明说，总统的权力和责任已经与皇帝没有区别，除非为儿孙打算，实在没有做皇帝的必要。我的大儿子身带残疾，老二想做名士，我给他们排长做都不放心，能够委以国家的重任吗？而且，中国一部历史，帝王家总是没有好结果的，既然为儿孙打算，我就更不忍把灾害给他们。当然，皇帝还可以传贤不传子。但总统同样可以传贤，在这个问题上，总统皇帝不就是一样的吗？"

冯国璋听后插言道："总统说的是肺腑之言。可是，将来总统功德巍巍，到了天人与归的时候，只怕要推也推不掉啊！"袁世凯好像很生气的样子，坚定地说："不，我决不干这种傻事！我有一个孩子在伦敦读书，我叫他在那里置了一点产业。如果有人一定要逼迫我，我就出国到伦敦，从此不问国事。"

冯国璋听了老袁如此诚恳和坚决的表白，自然也就不存在任何疑心了。然而，冯国璋刚刚离开袁府，袁世凯就气冲冲地回到书房，大骂冯国璋忘恩负义，连声说："冯华甫真是岂有此理！华甫真是岂有

第五章 与人为善
——老子这样说处世

此理！"

老奸巨猾的袁世凯向来喜欢让部下猜测自己的心理，由于城府过深，连心腹大将有时也难以领会他的真实意图。冯国璋自恃跟随老袁多年，他把袁世凯的一番假话当成了肺腑之言。但纸是包不住火的，冯国璋刚回南京，活灵活现的帝制机关筹安会便公然通电成立了。

冯国璋不禁跳起脚来发火说："老头子真会做戏！他哪里还把我当作自己人！"从此与老袁分道扬镳。真可谓"聪明反被聪明误"，袁世凯深藏不露，机关算尽，结果只落得个部下离心离德，众叛亲离的可耻下场。

如果诚心实意，即使像金石那样坚硬的心也会被感动的；如果为人奸诈，早晚会为人唾弃。至伪则奸诈，为人所弃；至诚则愚痴，为人所笑。我们做人处事一定要坦诚。

人的心灵只要完全真诚，那么就可以使六月飞霜降雪，使城墙为之倒塌，使金石可以雕凿。如果一个人虚伪奸邪，空有一副躯壳，真正的灵魂早已消亡，与人相处会让人觉得面目可恶，独自一个人时也会为自己的形体和灵魂感到惭愧。

己所不欲，勿施于人

【原典】

同于德者，道亦德之；同于失者，道亦失之。

——《道德经·第二十三章》

【古句新解】

遵循大道而有德的君王，"道"自然也就关爱他、扶助他，而使他得到民心和天下。那些不能合同于大道的君王，"道"当然也就离弃于他，而使他丧邦失国，众叛亲离。

自我品评

子贡问孔子说："有没有一句话可以终身奉行的呢？"孔子说："那大概就是'恕'吧！自己不愿做的事，不要强加给别人。"孔子认为，从积极方面来看，一个有道德修养的人是通过完善自己来影响别人和改变社会的。反过来，从消极方面来看，自己不愿意做的事情就不要强加给别人。这样推己及人，实际上就是孔子一贯所强调的"恕"道。

孔子的"恕"道，就是老百姓所常说的推己及人，将心比心。详细一点就是用自己的心推及别人；自己希望怎样生活，就想到别人也

第五章 与人为善
——老子这样说处世

会希望怎样生活；自己不愿意别人怎样对待自己，就不要那样对待别人；自己希望在社会上能站得住，能通达，就也帮助别人站得住，通达。总之，从自己的内心出发，推及他人，去理解他人，对待他人。

确切地说，"己所不欲，勿施于人"是一种做人的基本准则，也是一个人要在社会中有所作为的一个基本条件。

我国历史上产生过众多的推己及人的先贤，例如，曾经以治理洪水而留名千古的大禹就是"己所不欲，勿施于人"、"己立立人"和"己达达人"的崇高典范。大禹在被任命为治水的负责人之前，刚刚和涂山氏的一个姑娘结婚。看到了许多的百姓被洪水淹死时，大禹心里就像自己的亲人被淹死一样痛苦、不安。于是他告别了妻子，率领27万治水群众，夜以继日地进行疏导洪水的工作。在治水过程中，大禹三过家门而不入，经过13年的奋战，大禹和他的治水队伍疏通了九条大河，使洪水流入大海，消除了水患，完成了流芳千古的伟大业绩。

到了战国时候，有个叫白圭的人，跟孟子谈起大禹治水这件事，他夸口说："如果让我来治水，一定能比禹做得更好。我只需把河道疏通，让洪水流到邻近的国家去就行了，那不是省事得多吗？"孟子很不客气地对他说："你错了！你把邻国作为聚水的地方，结果将使洪水倒流回来，造成更大的灾害。有仁德的人，是不会这样做的。"这就是成语"以邻为壑"的由来。

从大禹治水和白圭谈治水这两个故事来看，白圭只为自己着想，不为别人着想，这种"己所不欲，要施于人"的错误思想，是难免要害人害己的。大禹治水把洪水引入大海，虽然费工费力，但这样做既消除了本国人民的灾害，又消除了邻国人民的灾害，人们是喜欢这种推己及人的精神的。

庄子笔下有一个"鲁侯养鸟"的寓言：有只海鸟停落在鲁国都城的郊外，鲁侯以为这是只神鸟，令人把它捉住，亲自把它迎接到祖庙里，毕恭毕敬地设宴迎接，并将它供养起来，每天都为它演奏音乐，给它喂牛羊猪各种肉。鲁侯的热情招待把海鸟搞得头晕目眩，惶恐不安，一点儿肉也不敢吃，一杯水也不敢喝，过了三天就死了。

鲁侯以为"己所欲"也是"鸟所欲"，他用自己享乐的方式来养鸟，而不是按照鸟的生活方式来养鸟，这只鸟是被他吓死的。

生活中这样的事情太多了，陈松的母亲就是一个过于热情的人，客人到家中，她恨不得把家中所有好吃的都拿出来招待客人。因为陈松母亲小时候就一直被教育"宁可自己喝汤也要让别人吃馍"。虽然是一片好心，但别人在她的盛情之下却往往觉得拘束。最后，朋友们轻易都不敢去她家了。

普希金说了，"走自己的路，让别人说去吧！"所以自己是最重要的，只要自己想做的，不要管任何人，只要对自己有利即可。这种思想未免有点太自私了，对自己也是没有任何好处的。

上司接纳了员工的意见，可以避免很多不必要的失误；自己听了朋友的劝告，可以少走不少想不到的弯路。任何情况都是如此，你考虑到了别人，别人也想到了你。何必充耳不闻、一意孤行呢？这样的人随后只能是众叛亲离，沽名钓誉！

当初，楚王想攻打宋国，鲁班连云梯都给他造好了，可最后为什么没有打成？这要归功于两个人，一是出使楚国的墨子，更重要的就是楚王自身。楚王当初是用心考虑过墨子的话的，否则他也不会放弃这次攻宋的机会。可见，楚王是一个己所不欲，亦不施于人的人。假若楚王当时不听墨子的劝告，先将其除掉，然后再去攻打宋，后果是不堪设想的。

还有两个大家都熟悉的人物——扁鹊和他的病人蔡桓公。前者是因为高超的医术而出名，而后者就因一个由他而来的成语"讳疾忌医"在民间留名百世。蔡桓公为什么会死？原因就是他自己想着自己没病，而不让医术高明的扁鹊来给他治疗，最后病入骨髓，一命呜呼了。

作为现今社会的人士，无论是求学中的学生还是已经进入社会的职场人士，都同样有许多的抱怨和不满，总是对别人的表现和成绩予以言语上的讽刺和批评，而被训的一方往往都会因为和对方的关系原

第五章 与人为善
——老子这样说处世

因而忍气吞声，转而把自己的情绪发泄在其他人身上，这种恶性循环可以说是无止境的。那么我们现代人可以从"己所不欲，勿施于人"这句话中悟到些什么来帮助我们处理好人际关系呢？

"己所不欲，勿施于人"说的无非是"自己不想要的东西，就不要给其他的人"，可是看看如今的社会，"己所不欲，千方百计施予人"。对此，这句话其实还有另一层的意思，那就是自己不想要别人对付你，自己就不要去对付其他人，就好像如果你不想别人大声地对你呼呼喝喝，那你就不要时常对别人恶言相向，这样的一个循环就能避免许多的不必要的人际问题出现，如果人人都贯彻和遵守这一做人准则的话，这个世界肯定不会有战争。

当然，有人会说，现在的竞争这么激烈，所谓"人不为己，天诛地灭"，当然每件事都得从自己的利益出发，哪有自己的利益不顾，反而去理会与自己不相干的人的利益，这不是很可笑吗？其实不然，正是因为人人抱有这种态度，所以我们的世界才会有这么多纷纷扰扰，长此下去，人与人之间就很难存有信任感，乃至人人自危，这岂不是更加的悲哀吗？现在人与人之间的关系和四五十年前相比可说是有着天渊之别，年轻一代的我们可能还未能察觉到这一点，我们可能觉得自己还是有很多的朋友，可是如果你的朋友，并没有"己所不欲，勿施于人"这一做人准则，试想想当你们的友情和利益起冲突的时候，何者更受对方所重视呢？

当利益和友情起冲突的时候你会选择谁呢？这个问题一出，我们的回答百分之百是选择友情，可是当你真正面对这种情况时，你还会坚守你的立场吗？许多生活中的实例都证明了利益占了上风，往往在我们周遭不时会听到某某人背信弃义，而原本是好朋友的两个人就翻脸不认人了。

己所不欲，勿施于人，是儒家一个重要的人生指南，唯有一生能奉行这句话的人，才能谓之成功。

桃李不言，下自成蹊

【原典】

是以圣人去甚，去奢，去泰。

——《道德经·第二十九章》

【古句新解】

所以，圣明之人总是遵循常道，顺乎自然，摒弃那些过度的、夸大的、极端的行为。如此则可以畅万物之情而适万物之性进而实现天下大治。

自我品评

艺术家说，沉默是一种魅力；思想家说，沉默是一种美德；哲学家说，沉默是一种成熟；科学家说，沉默是一种发明。其实，沉默是一种难得的心理素质，也是一种可贵的处世之道。

沉默是金，懂得沉默也是一种能力。适时的沉默是低调做人的智慧金诀，巧妙地应用它，将会得到意想不到的收获。

周武王伐纣王取得殷都后，听说殷有个长者，武王就去拜访他，问他殷商之所以灭亡的原因。这个长者回答说："大王想知道这个，那么就让我在中午的时候来告诉你吧。"然而到了中午，那位长者却

第五章 与人为善
——老子这样说处世

没来，武王因此很生气，暗暗责怪他。可周公说："我知道了，这位长者真是一位君子呀！他义不谤主。正如和人约好了而不来，言而无信，这不正是殷商之所以灭亡的原因吗？这位长者已经以他的行为告诉大王答案了。"

沉默是智慧，古希腊哲学家泰勒斯说："多说话并不表明有才智。"卡蒂尔有句名言："雄辩是银，沉默是金。"生活中无数事实告诉我们，必要的沉默不是软弱，而是理智和大度；不是冷漠，而是内心深处的安宁和淡泊；不是消沉和放弃，而是奋进的前奏。人总是在饱经世间的喧嚣和争斗之后，才归于恬淡和平静，才彻悟沉默是无价之宝。

在与人相处的过程中，简洁地表达你的看法，然后保持沉默，留一个宁静的空间给别人去慢慢思考。在你批评别人时，适当的沉默可能起到此时无声胜有声的效果。通常来讲，当你批评他人时，那人一定情绪相当激动。他可能不但不虚心接受意见，而且还会反唇相讥，使出浑身解数为自己开脱。这时，你就需要保持沉默。你的沉默、你的无言是对当事人的一种威慑。这既显示出了你宽广的胸怀与大度的品格，又给对方留有思考的余地，他的态度也许会就此改变。你的沉默并非是对矛盾的回避、对错误的迁就，而是在提醒对方，冷静才是解决问题之道，在无声的战场上，情绪越是强烈的人，越是会陷入被动的局面。

在第二次世界大战中，一位嗅觉灵敏的美国新闻记者得到情报：罗斯福领导的一个小组，成功地破译了日军关于进攻中途岛的电讯密码，并掌握了日军海上作战部署的确切情报。美军据此已针对性地进行了战略准备。芝加哥的一家报纸根据这位记者提供的稿件，立即作为独家新闻在报上捅了出去。

这样一来，不但会引起日本人的警觉而立即更换电讯密码和调整战斗部署，而且会使美军为中途岛之战所做的准备前功尽弃，处于十分被动挨打的地位。面对如此严重的泄露国家战时情报事件，有关人员请求罗斯福总统下令严查法办。可罗斯福却一反常态，他既没有责令追查，也没有兴师动众地辟谣，更没有因此而调整军事部署，而是装出好像什么事也没发生一样。令人意外的是，事情很快就平息了下去，此事根本就没有引起日本情报机关的注意。

"沉默"是有效的缓兵之计，也许你最不愿意看到的情形就是人与人之间的内部争执。争执的结果是将和谐的人际关系搞得一团糟，谁还能安心专注于做事呢？适当保持沉默吧，等争执的双方失去了精神上的亢奋、精疲力竭之后，再发表你的意见也不迟。

头脑发热时的人们只想向外发散能量，谁会再去接受你的善言良语呢？你的沉默可使矛盾冲突趋于缓和，当人们争辩得不可开交时，看到他们身边有这样一位静静的旁观者，他们也许会后悔那丑态百出的激烈交锋的。

有时，沉默与精心选择的言词具有同样的表现力，就好像音乐中音符与休止符一样重要。过去，心理学家常常认为我们应该把自己的意见讲出来，告诉别人，但现在人们逐渐发现，在与别人的交往中有时更需要忍耐和沉默。

一个服装厂的老板得知另一家公司打算购买他的一台旧机器，他非常高兴。经过仔细核算，他决定以10万美元的价格出售，并想好了理由。

当他坐下来谈判时，内心深处却在说："沉住气。"终于，买主按捺不住，开始滔滔不绝地对机器进行褒贬。

卖主依然一言不发。这时买主说："我们可以付您12万美元，一个子儿也不能多给了。"不到一个小时，买卖成交了。

"桃李不言，下自成蹊；冰炭不言，冷热自明。"有一些蕴藏在内心深处的美德，一旦用语言表达出来，其中的韵味往往荡然无存，抑或索然寡味。如对他人表示关爱时，默默地给予实际帮助，比口若悬河地表白更显真诚，更具感人魅力。此时，尽管什么都没说，又仿佛什么都说了，可谓无声胜有声。

第五章 与人为善
——老子这样说处世

面对复杂局面和大是大非，沉默往往是潜心思索，凝聚智慧，为从容应对积蓄力量。当然沉默不是故作深沉或天性木讷，而是盛开在心灵深处的智慧之花。"沉默是金"并不意味着"万马齐喑"，我们应当崇尚内心充实而不失真诚的沉默。

沉默需要勇气，需要毅力；沉默是留给自己思考的时间；沉默是自己的财富；沉默也是对自己的一种责任。沟通心灵的时候需要沉默。只有在倾听中才能吸取智慧，弥补纰漏，建立信任。具备优势的时候需要沉默。"天地有大美而不言"；太阳不语，是一种光辉；人也一样，桃李不言，下自成蹊。取得成绩的时候需要沉默，遭遇困难的时候需要沉默，在失败和厄运面前，拭去眼泪，咬紧牙关，等待时机需要沉默，造化总是把机会送给有充分准备的人，承担痛苦的时候需要沉默。

"沉默是金"，却也不是不说话，而是说话要分场合，要分情况，不能说则不说，保持适当的缄默，能说则尽量少说，以避免不必要的麻烦。"言多必有失"，有道德的人，绝不泛言；有信义者，必不多言；多言取厌，虚言取薄，轻言取侮，唯有保持适当的缄默，才会避免厌、薄、侮。

谦逊是终生受益的美德

【原典】

直而不肆，光而不耀。

——《道德经·第五十八章》

【古句新解】

自己正直刚强，却又不自以为了不起，反而能谦和柔弱。虽有光芒万丈的德行，却能隐藏锋芒，而不故意示人。

自我品评

　　一个人只懂得如何做事是不够的，还要学会如何做人。做事与做人，是硬币的两面。高调做事者，必须同时追求人际关系的和谐；低调做人者，也必须学会不避嫌怨，高调做事。每个企业都需要在业绩上出类拔萃的明星员工，但是绝不会喜欢以明星自居、摆明星谱的人。在老板的眼中，最重要的首先是团队整体的平衡，他不可能为了少数一两个人而伤害整个团队。即使是业绩再突出的员工，如果处理不好和团队的关系，在团队中是个刺头，老板也只好挥泪斩马谡，先对团队有个交代。

　　决定员工的升迁和命运的，是他所做出的业绩。业绩是实实在在

第五章 与人为善
——老子这样说处世

的东西，做了多少，做得如何，别人都看得清清楚楚。到处显摆自己的成绩，和同事们抢功劳，喜欢出风头，也许可以争取到短期的利益，但是从长期来看，这实在是不明智的举动。人心都是很微妙的，对于一个四处炫耀自己的人，大家都会不由自主地产生排斥心理：他的那点成绩算什么呀！没有我们的帮助，他能做到吗？各种抵制和不满的情绪就会扩散开来。而对于一个谦逊低调的员工，大家反而会经常记得他的成就。

通用电气最年轻的经理人汤姆·席勒曾经给别人解释过这个道理："我中学时参加过摔跤队，从中学到了很重要的一课。我打赌，你可能没有把摔跤看成团体运动吧？它看起来就像越野或投掷什么的，但摔跤真的是团体运动，因为你在赛场上的表现取决于你的平时训练，而你平时训练的好坏，又取决于跟你一块儿训练的人的水平。看看一些好的摔跤队，你会注意到，多项国家冠军往往是同时取得的。一个拥有145磅级国家冠军的队，往往在138磅级、155磅级上也有很好的表现，这是注定的。我们队一开始糟糕透了，2比14惨败，连教练都不想待下去了。可是我们团结得像一个人，整个队一起跑阶梯，一起训练，第二年就变成16比0了。那时候我就懂得个人离开团队将一事无成。"

作为一个谦虚低调的员工，我们都知道应该把聚光灯打到自己的上司和所处的团队上，而不是使自己引人注目。我们清楚地知道，没有别人的支持，我们将什么也不是。

但生活中就有一部分人，认为只有高调做人、大开大合，才能担当重任；而畏首畏尾、不敢得罪人就会沦于平庸、有负公司的厚望，因此，保持高调、认真做事就可以了，其他的可以不用太在乎。所以他们在工作和生活中总是显得趾高气扬，对人满不在乎，总是与人争执不休，因而失去了同事和上司的信任与好感，最终也没有对大家起到积极作用。

一个低调、谦虚、不骄不躁的人才是团队真正欢迎的人，只有这样的人才会得到大家的信任和支持。而大家的信任和支持是一个员工在团队中有所发展并对公司有所贡献的前提。

谦逊是金，一个人在内心充满了对自己的工作和团队的热爱，充满了对工作胜利的信心。在别人还在犹豫争吵的时候，他往往已经开始默不作声地思考着如何能够更好地完成这件事情。谦逊是工作、生活成功的重要一环。只有谦逊才能够保持不骄不躁的心态，在面对工作中的小摩擦和小成就时保持平和，为下一次成功奠定基础。

低调的处世智慧

【原典】
夫唯不争,故无尤。
——《道德经·第八章》

【古句新解】
正是因为不争,所以没有过失。

自我品评

低调的人所具有的深藏不露并不是完全不显示自己的优势,每个人都渴望进步和发展,在良性的竞争环境中,显示自己的实力是一种自信的表现。可是,每个人的自身素养、客观条件、机遇、努力程度都不大一样,有的人一帆风顺,有的人却举步维艰。所以低调的人在显示自己实力的时候常常会考虑一下周边的环境和别人的感受。但不管是哪种情况,对于一个低调的人来说,都不会喜形于色,因为他们懂得,良贾深藏若虚,君子盛德,容貌若愚。

任何人知道了别人都不知道的事,难免会产生一种优越感,对于这种旁人不及的优点,喜欢大肆宣扬是一般人的特点,而低调的人会隐藏起来。总是显示别人没有的优点,对自己没有什么好处,还可能遭到别人的嫉恨。一个真正有智慧的人,应该懂得深藏不露。

在生活中，我们所自鸣得意的事，也许正好是别人的痛处，这时他对我们的炫耀会有一种怀恨心理。这种心理进入到内心时就会对我们的得意进行反击！相反，我们越少刻意炫耀自己，越会获得更多的赞同和欣赏。因为，在日常生活中，人们更喜欢那些不自夸和谦逊的人。

古人以为一个真正明智的人，既有"好察之明"，又有"能察能不察之明"。就是在一群人中，唯有自己洞察了这件事的本质，而又偏偏不能把事实的真相说出来，于是装作不知，以免自己的智慧太过而遭不测。

聪明有大聪明与小聪明之分，可惜的是有些人属于小聪明，却并不自知，其结果可想而知。真正聪明的人往往大智若愚，表面上糊涂内心精明，这种人虽不计一时的得失却能聪明一世，明哲保身，始终立于不败之地。

小事与大事相对，糊涂与聪明孪生。在现实生活中，人们大多倾向于"聪明"一词，这当然是再正常不过的反应，谁不首先考虑自己呢？但有些时候，如果你把糊涂融入做人之道中，或许更能游刃有余。

在与上级相处的领域里，糊涂总比聪明好。萧何便是很好的例子。当年与刘邦共打天下的各位有功之臣，都非平庸之辈，而最后皆被刘邦和吕氏疏远和加害，唯有萧何能安度晚年，为何？萧何确实有一种难得的糊涂。由于他对一些大事持漠不关心的态度，便使刘、吕放松了对他的注意，从而聪明地保全了自己。

但是，在现实生活中，我们身边经常有这样一些人，好像天底下只有他最精明，而别人都是傻子，无论大事、小事都斤斤计较，处处谋算，玩弄心机权术，结果到头来往往机关算尽，聪明反被聪明误。还有一些人，总是在鸡毛蒜皮的小事上聪明，张家长李家短说起来头头是道，可一遇大事就不知所措了，这正如左宗棠所说的："凡小事聪明，必误大事。"

自以为聪明的人往往会为其"职明"所谈，而真正大智大慧的人，表面上都似乎有点"愚"。

第五章 与人为善
——老子这样说处世

苏联卫国战争初期，德军长驱直入。在此生死存亡之际，曾在国内战争时期驰骋疆场的老将们，如铁木辛哥、伏罗希洛夫、布琼尼等，首先挑起前敌指挥的重担。但面对新的形势，他们渐感力不从心。时势造英雄，一批青年军事家，如朱可夫、华西列夫斯基、什捷缅科等人，相继脱颖而出。这中间，老将们思想上不是没有波动的。1946年2月，苏联元帅铁木辛哥受命去波罗的海，协调一、二方面军的行动，什捷缅科作为他的参谋长同行。什捷缅科早知道这位元帅对总参谋部的人抱怀疑态度，思想上有个疙瘩，心想："命令终归是命令，只能服从了。"等上了火车，吃晚饭时，一场不愉快的谈话开始了，铁木辛哥先发出一通连珠炮："为什么派你跟我一起去？是想来教育我们这些老头子，监督我们的吧？白费劲！你们还在桌子底下跑的时候，我们已经率领着成师的部队在打仗，为了给你们建立苏维埃政权而奋斗。你是军事学院毕业的，就自以为了不起了！革命开始的时候，你才几岁？"这通训，已近乎侮辱了。但什捷缅科却老实地回答："那时候，刚满十岁。"接着又平静地表示对元帅非常尊重，准备向他学习。铁木辛哥最后说："算了，外交家，睡觉吧。时间会证明谁是什么样的人。"

应该说，"时间证明论"是对的。他们共同工作了一个月后，在一次晚间喝茶的时候，铁木辛哥突然说："现在我明白了，你并不是我原来认为的那种人。我曾想，你是斯大林专门派来监督我的……"后来什捷缅科被召回时，心里很舍不得和铁木辛哥分离。又过了一个月，铁木辛哥亲自向大本营提出要求，调这个晚辈来共事。

什捷缅科给我们树立了很好的榜样，既需内心方正，坚持原则，维护独立的人格；又需在人际交往中"圆活"，心胸豁达，与人为善。为什么所有的船体都是圆弧形而不是方形的呢？那是为了减少阻力，更快地驶向彼岸。人生也像大海中的船，与人交往时处处有风险，时时有阻力，小聪明者事事计较，与所有的阻力较量，拼个你死我活，大智慧者化开阻力，随风任运。

真诚地为他人鼓掌

【原典】

与善仁，言善信。

——《道德经·第八章》

【古句新解】

待人真诚仁爱，说话讲究信用。

自我品评

不少人在与他人初次见面时时很客气，与人短时间相处也能做到谦让付出，可是时间长了反而相处得不好，不愿为对方付出，甚至斤斤计较起来。

相处久了，会产生一种视对方为工作和生活中的竞争对手的心理，以致处处戒备和设防，对人的笑容减少了，客气话也少了，反而挖苦与讽刺的话多了。

而成功的处世是与人相处得越久越显示出自己对人的友好。当我们自己取得成功的时候总是兴奋不已，希望有人为自己鼓掌。可是当身边人，包括假想敌、对手取得成功的时候，我们该怎样去面对呢？是嫉妒还是欣赏？是大声叫好还是不屑一顾？尤其是平日与自己相处

第五章 与人为善
——老子这样说处世

得很紧张、很不快乐的人成功了,这时候,我们为他鼓掌,会化解对方对自己的不满和成见,改变他对自己的态度,打开两人之间的死结。

为他人多鼓掌,这种付出不但对我们没有什么损失,而且还能带来很大的利益。

1991年11月3日夜,美国大选揭晓。当选总统克林顿在竞选总部前他的支持者们的聚会上发表即席演说,先是言辞恳切地感谢昨天还在互相猛烈攻击的主要政敌布什,感谢布什从一名战士到一位总统期间为美国做出的出色服务,并呼吁布什和另一位对手佩罗及其支持者与他团结合作,在他未来四年执政期间,在全面振兴美国的大变革中继续忠诚地服务于祖国。

而远在异地的布什则打电话祝贺克林顿成功地完成了强有力的竞选,他还调侃地告诫克林顿,白宫是个累人的地方。并保证他本人和白宫各级人士将全力以赴地与克林顿的班子合作,顺利完成交接的工作。

这种客气,在某种意义上就是一种付出——精神的付出。竞选的成功与失败,对克林顿和布什这两个对手来说,欢乐与悲哀都是不言而喻的,但在现实面前,两个对手保持了高度的理智,为双方的成绩表现了超然的风度。

亚历山大和大流士在伊萨斯展开激烈大战,大流士失败后逃走了。一个仆人想办法逃到大流士那里,大流士询问自己的母亲、妻子和孩子们是否活着,仆人回答:"他们都还活着,而且人们对他们的殷勤礼遇跟您在位时一模一样。"

大流士听完之后又问他的妻子是否仍忠贞于他,仆人的回答仍是肯定的。于是他又问亚历山大是否曾对她强施无礼,仆人先发誓,随后说:"陛下,您的王后跟您离开时一样,亚历山大是最高尚和最能控制自己的英雄。"

大流士听完仆人这句话,双手合十,对着苍天祈祷说:"啊!宙斯大王!您掌握着人世间帝王的兴衰大事。既然您把波斯和米地亚的主权交给了我，我祈求您，如果可能，就保佑这个主权天长地久。但是如果我不能继续在亚洲称王了，我祈祷您千万别把这个主权交给别人，只交给亚历山大，因为他的行为高尚无比，就连对敌人也不例外。"

为别人付出困难，为对手付出更困难。付出既有物质上的，也有精神上的。当别人有困难的时候，我们的一句鼓励话就是给予，当别人成功的时候，我们的掌声就是礼物。一些同行冤家和竞争对手，多采取的是阴险的手段——打击报复，而不知道如何化敌为友。想把对手变成朋友，就要舍得为他付出：对方陷入困境的时候，我们要保持冷静，不能乘机踹他一脚；当我们成功的时候，不要在对方面前趾高气扬，应克制自己，不要流露出得意。做到这些就是付出，勇敢的付出。

一位成功人士说：为竞争对手叫好，并不代表自己就是弱者。为对手叫好，非但不会损伤自尊心，相反还会收获友谊与合作。为对手叫好是一种美德，我们付出了赞美，得到的是感激。为对手叫好是一种智慧，因为我们在欣赏他们的同时，也在不断提升和完善自我；为对手叫好是一种修养，为对手赞美的过程，也是自己矫正自私与妒忌心理，从而培养大家风范的过程。

美德、智慧、修养，是我们处世的资本。为对手叫好，是一种谋略，能做到放低姿态为对手叫好的人，那么做人做事就一定会成功。

第五章 与人为善
——老子这样说处世

低调自然做自己

【原典】

道常无为，故无不为。

——《道德经·第三十七章》

【古句新解】

道永远什么都不做，但却无所不在。

自我品评

自我表现应该说是人类的天性。在现代社会中，每个人都渴望在竞争中脱颖而出，充分展示个人风采，这也是适应激烈挑战的必然选择。但是，当我们展现自我才华的时候，要注意在不同的时间、地点、场合的表现要恰如其分。不分场合、情境，高调表现自己会产生一种压力，引起别人的反感。从而使自己的人际关系产生危机，甚至会和许多机会擦肩而过，使本来应该辉煌的人生之路变得暗淡无光，反而和表现自己的初衷背道而驰了。

唐代著名的诗人和词人温庭筠，从小就文采出众，才思敏捷。每次参加科举考试的时候，别人对那些试题都要苦思很久，可他却能在顷刻之间完成。据说，他只要把双手交叉八次，就能做出一篇八韵的赋来。所以，当时的人都叫他"温八叉"。按说，温庭筠有这样的才华，早就应该金榜题名，青云直上了。可他屡次参加进士考试，却始终没有中第。

原来，温庭筠有一个习惯。由于他富有才华，所以在考场上早早就答完了考卷。剩下的时间，他不肯闲着，就开始帮助起左邻右舍的考生来，替他们把卷子一一做完。那些考生自然对他感恩戴德，但却引起了主考官的不满，多次将他黜落。后来，他这个名声越传越远，弄得人人皆知。主考官就命令他必须坐到自己跟前来，亲自看着他。温庭筠对此不满，还大闹了一场。可即使这般严防，温庭筠还是暗中帮了八个考生的忙，自然，他自己又是名落孙山了。考了十几次还没有中第的温庭筠渐渐对科举考试失去了希望。

他投到丞相令狐绹的门下去做幕客，替丞相代笔写些公文、诗词。令狐绹很看重他的才学，给他的待遇也十分优厚。但温庭筠却恃才自傲，对这位丞相特别看不起。有一次，皇帝赋诗，其中一句有"金步摇"，令大臣们作对。令狐绹对不出来，就去问温庭筠。温庭筠告诉他可对"玉条脱"。令狐绹不知道是什么意思。温庭筠就说"玉条脱"的典故来源于《南华经》，并不是什么生僻的书。丞相在公务之暇，也应该多看点书才是。言下之意，就是讥讽令狐绹不读书。令狐绹十分不高兴。又因为皇帝喜欢歌《菩萨蛮》，令狐绹就让温庭筠为自己代填了十几首进献给皇帝，还特别嘱咐温庭筠千万不要把这件事泄露出去。可温庭筠却将此事大肆宣扬，使得尽人皆知。令狐绹就对他更加不满了。

温庭筠对令狐绹的为人颇为鄙视，还经常做诗讥讽他。令狐绹做了宰相，因为自己这个姓氏比较少见，族属不多。所以一旦有族人投奔，都悉心接待，尽力帮助，有很多人都赶来找他。甚至于有姓胡的人也冒姓令狐。温庭筠讽刺道："自从元老登庸后，天下诸胡悉带令。"他还看不起令狐绹的不学无术，说他是"中书省内坐将军"，虽

第五章 与人为善
——老子这样说处世

为宰相却像马上的武夫一样粗鄙。令狐绹得知这些事情，就更加恨他了，后来温庭筠又想参加科举考试，令狐绹奏称他有才无行，不应该让他中举。就这样，温庭筠终身与科举及第无缘。

温庭筠喜欢表现自己，因此得罪了主考官，得罪了宰相，还觉得不够，又把皇帝也得罪了。唐宣宗喜欢微服出行，一次正好在旅馆碰到了温庭筠。温庭筠不知道他是当今天子，言语中对他很不客气。宣宗认为他才学虽优却德行有亏，就把他贬到一个偏僻小县去做了县尉。

温庭筠一直当着各式各样小得不能再小的官，穷困潦倒。有一次他喝醉了酒而犯夜禁，被巡逻的兵丁抓住，打了他几个耳光，连牙齿也打断了。那里的长官正好是令狐绹，温庭筠便将此事上诉于他，可令狐绹却记着当年的旧恨，并未处治无礼的兵丁，却因此大肆宣扬温庭筠的人品是如何糟糕，后来这些关于他人品差劲的话传到了京城长安，温庭筠不得不亲自到长安，在公卿间广为致书，申说原委，为己辩白冤屈。这个时候，他对于自己过去恃才凌人的做法感到后悔，写诗有"因知此恨人多积，悔读《南华》第二篇"之句。可是这种悔悟并没有使他吸取教训。

后来，他做了国子监考试的主考官，又忍不住自我表现了一回。按照一般规矩，国子监考试的等第都是由主考官圈定，并无公示的必要。温庭筠可能是饱受科举不第之苦，又对自己的眼光特别有自信，于是别出心裁，将所选中的三十篇文章一律张榜公示，表示自己的公正。他觉得自己的眼光很高，态度公正。所以并不害怕"群众监督"。可他选中的文章中有很多都是指斥时政的，温庭筠还给了这些文章很高的评语，不免让那些权贵们心中不满。后来，丞相杨牧干脆找了个理由，把他贬到外地，温庭筠郁郁不快，还没有到贬所就因病去世了。

像温庭筠这样才华横溢之人，本来是应该有一番大作为的。可是，他却不懂得低调做人，太喜欢表现自己的才华，甚至不分场合，不分对象。所以，他的才华不但没有成为成功的助力，反而却处处招惹是

145

非，使他丧失了很多本来应该把握的机会，潦倒终身。可以说，他的仕途进取之路是被他自己亲手断送的。

那些有着满腹才华的成功者，懂得低调处事的重要性，往往不会恃才自傲，反而表现得平易谦逊，这才是有着真正的大智慧。"空心的谷穗高傲地举头向天，而充实的谷穗则低头向着大地"，就说明了这个道理。

第五章 与人为善
——老子这样说处世

不要站在风口浪尖处

【原典】

洼则盈，弊则新；少则得，多则惑。

——《道德经·第二十二章》

【古句新解】

低洼之地才能存聚泥水而逐渐增高；破败之物清除之后，才能更换使用新的东西；空手抓物而知足不贪，才能有所获得；若已经握持其物而依然贪多，反而会心生疑惑而不知所措。

自我品评

如果说，社会像一个大舞台，人生就像一出多姿多彩的戏剧，那么我们每一个人都要参与排演。其中最为吸引人的，当然就是那些站在前台的演员，他们的一颦一笑都能牵动众人的目光，几乎所有的人都渴望得到这种站在前台的光辉，认为这才是值得追求的。但是，却很少有人会认真思考一下，站在前台，在很多情况下会意味着什么。

孟贲是秦武王手下的一名勇士，此人原是齐国人，勇力过人。据说有一次他在野外看见两头牛正在相斗，就上前去用手把两头牛分开来。其中一头牛听劝，伏在地上不斗了，另外一头牛还要打。他大为恼火，左手按住牛头，右手把牛角活生生地拔了出来，这头牛当场毙命。

后来他听说秦武王正在招纳天下勇武之人，于是离开齐国去投奔秦国。这秦武王原也是个勇猛的人，重武好战，常以斗力为乐，凡是勇力过人者，他都提拔为将，置于身边。见了孟贲自然另眼相看，很快就任命他为大将，与他手下的另外两名勇将乌获和任鄙享受一样的待遇。孟贲也非常以自己的勇力而自豪。

公元前306年，秦武王采纳了左丞相甘茂的计策，与魏国建立了秦魏共伐韩国的联盟，而后用计攻占了赵国的军事要地宜阳。秦军占领宜阳后，周都洛阳门户洞开。秦武王大喜，亲自率领任鄙、孟贲等精兵强将要进入洛阳。周天子此时无力阻止，只好打开城门迎接秦武王进城。

秦武王兵进洛阳后，直奔周室太庙，去观看九鼎，这九个鼎本是当年大禹收取天下九州的贡金（铜）铸成，每个鼎代表一州，共有荆、梁、雍、豫、徐、青、扬、兖、冀九州，上刻各州山川人物、土地贡赋之数，是周朝天命所在的象征。秦武王见了九鼎，大喜过望。当然，他不是喜欢这些铜块，而是垂涎那九鼎所象征的统御天下的权力，这也是秦国历代君主的梦想。秦武王绕着九鼎逐个观看，看到雍州（代表秦国）鼎时，对随行的群臣说："这鼎有人举起过吗？"

守鼎人回答："自从先圣大禹铸成此鼎以来，没有听说也没有见过有人能举起此鼎。这鼎少说也有千斤重，谁能举得起呀！"秦武王听了，撇了撇嘴，回头问任鄙和孟贲："你们两个，能举起来吗？"任鄙为人向来低调，他知道他的这位主子秦武王自恃勇力惊人，十分好胜，平时就经常和手下的大将斗力，如果此时自己出来举鼎，当着这么多人的面，抢了主子的风头，不会有好果子吃。再说，一旦秦武王真的去举鼎了，万一出了差错，自己就是长了九个脑袋也担不起这个责任，于是婉言道，"臣不才，只能举起八百斤重的东西。这鼎重千斤，臣不能胜任。"

任鄙这一低调，孟贲心中暗喜，认为表现的机会来了。于是伸出两臂走到鼎前，对秦武王说道："让臣举举看，若举不起来，大王不要怪罪。"说罢，紧束腰带，挽起双袖，手抓两个鼎耳，大喝一声

第五章 与人为善
——老子这样说处世

"起！"只见那鼎离地面半尺高，就重重地落下，孟贲顿时感到一阵晕眩，站立不稳，差点一屁股坐在地上，还好被左右拉住。秦武王看了，禁不住发笑："卿能把鼎举离地面，寡人难道还不如你吗？"任鄙见秦武王要去举鼎，赶紧上前劝道："大王乃万乘之躯，不要轻易试力。"

秦武王本来就好与人比力，此时哪里听得进去，卸下锦袍玉带，束紧腰带，大踏步上前。任鄙拉着秦武王苦苦相劝，秦武王生气地说："你不能举，还不愿意寡人举吗？"任鄙不敢再劝，只好退到一旁。秦武王伸手抓住鼎耳，深吸一口气，丹田用力，大喊一声："起！"鼎被举起半尺，周围一片叫好之声。秦武王得意洋洋，心想："孟贲只能举离地面，我举起后要移动几步，才能显出高下。"秦武王接着移动左脚，不料右脚独力难支，身子一歪，千斤重的大鼎落地，正好砸到右脚上，秦武王惨叫一声，倒在地上。众人慌忙上前，把鼎搬开，只见秦武王右脚已被压碎，鲜血流了一滩。等到太医赶来，秦武王已不省人事，晚上，秦武王气绝身亡了。

周天子闻报，心中又惊又喜，喜的是这个骄横跋扈的秦王自找死路，惊的是万一秦国以此为借口兴兵讨伐，自己就王位不保了，赶紧亲往哭吊，然后派人把秦武王的灵柩送回咸阳。之后，秦武王异母弟嬴稷登基，就是秦昭襄王。秦武王下葬后，老太后也就是秦武王的母亲令人追究责任，查到了孟贲的头上，虽然事情不能全怪孟贲，但为了出气，还是将孟贲五马分尸，诛灭其族。而低调的任鄙却因劝谏有功，升任为汉中太守。

出风头被大多数人看成是很风光的一件事，不过，从孟贲的教训中我们可以看出，出风头是要冒风险的。出多大的风头就要承担多大的后果。

在现代，虽然出风头掉脑袋的事情不会再发生了，但是，出风头后丢了工作，遭受打击的事情却屡见不鲜。像任鄙一样，虽然可能被秦武王看成是怯懦，但是一旦发生意外，却能稳稳地置身事外，保全自己，这种处世方式实在比孟贲一味地傻出风头高明了好多倍。

厚积薄发的一击

【原典】

大器晚成；大音希声；大象无形。

——《道德经·第四十一章》

【古句新解】

贵重的器物，制造起来必然费工费时；真正的洪钟大吕，听上去往往声响稀薄；最大的形象，反而没有形状。

自我品评

古语说："满招损，谦受益。"一个人即使不骄傲自满，因着自身的才华横溢，锋芒毕露，也容易遭人嫉妒或攻击而受到伤害。

我国历代有识之士都把虚怀若谷作为修身之道，也正是具有虚怀若谷的胸襟，李世民才虚心纳谏，刘备才能三顾茅庐。

曾国藩在年轻时期，也是一个锋芒毕露，遇事只讲直爽强硬，不讲忍耐退让的热血人物，因此在现实中碰壁、吃亏不少。然而，他在居家守制期间，认真研究了《道德经》、《南华经》，重温了老庄学说，发现了为人处世的秘诀——"大柔非柔，至刚无刚"，"柔弱胜刚强"的真理。深刻地反省了自己从前的言行和过失，以前片面地理解了祖父星岗

第五章 与人为善
——老子这样说处世

公"懦弱无刚为大耻"的家训，办事刚强有余，忍让不足。咸丰八年（1858年）六月再度出山时，他的为人处世便上了一个层次，遇事讲究变通灵活，忍让大度，为他以后的成功起到了至关重要的作用。

古往今来，锋芒毕露者，总是惨遭排挤与打击，藏愚守拙者总能得到重用与利益。锋芒毕露者往往处处表现自我价值，有强烈的个性，人际关系也就处理不当，丧失人缘，最终被弃用。于是，便常感怀才不遇而郁郁寡欢，空有一腔抱负，徒有治国平天下之鸿才。藏愚守拙者则往往在内敛中实现自我价值，人际关系处理得当，甚有人缘，带的团队，都是团结型的，领导也觉得其没甚野心而放心大胆地使用、提拔，最终能大展宏图，实现自己的抱负。

因此，当一个人意识到自己的锋芒毕露会对实现自己的抱负产生障碍时，就应该在失败的痛苦中学会藏愚守拙。

科学史上的巨人牛顿临终的时候，来探望他的亲朋好友在病榻边说："你是我们这个时代的伟人……"他听了"伟人"二字便摇摇头说："不要这么说，我不知道世人是怎样看我，我自己只觉得好像是一个在海滨玩耍的孩子，偶尔拾到了几只光亮的贝壳。但真理的汪洋大海在我眼前还未被认识、未被发现哩。"停顿片刻，他又说，"如果说我比笛卡儿看得远些，那是因为我站在巨人们的肩膀上的缘故。"

著名物理学家爱因斯坦发表相对论以后，成为上世纪最杰出的科学家，获得了很高的声誉和奖赏，但是他谦虚地说："用一个大圆圈代表我所学的知识，而圆圈外面是那么多空白，对我来说意味着无知；而且圆圈越大，它的圆周就越长，它与外界空白的接触面积越大。由此可见，我不懂的东西还很多。"正因为爱因斯坦在荣誉面前不骄傲、不自满，在以后的几十年里谦虚谨慎，谦逊好学，不断探索，才为物理科学作出了伟大的贡献。

一个人真正能做到虚怀若谷，他的气度就是一种无比强大的感召力，这种气度更是一种美，是一种最能反映人格魅力的美。所以，凡事当留有余地，不要锋芒毕露，咄咄逼人。

许多职场新人都急于显露自己的才能和实力，盼望能尽快得到上司和同事的认可，事事都要争个"先手"，有时甚至还要来个"抢跑"。然而表现得锋芒毕露，对于胸怀大志的职场新人来说，有百害而无一利。

在当今复杂的社会中，过早地"崭露头角"也是危险的，是会使人陷入被动的。首先，处处显露自己的才干和见识，上司和同事就会产生一种心理定势，总认为你比别人强。所以，如果一旦有所闪失，轻则说你还欠火候，重则落井下石。

锋芒毕露会过早地卷入升迁之争，升迁之争必然带来残酷的淘汰，由于职场新人在公司目前还无足轻重，所以，就有可能在不公平的暗箱操作和利益交换中，成为无辜的牺牲品。

根基不稳，虽长势很旺，但经不住风撼霜摧。你的根基还不稳固，经不住职场天长日久的风吹雨打。因此，如果你现在还不具备厚积薄发的实力，那就不要亮出自己全部的十八般武艺，最后被人逐出场外，免得到头来心血白费，努力落空。

确实，在现代社会，好酒就怕巷子深，但锋芒毕露，也不可能酿出好酒！因此，要谦虚，要有耐心，要学会等待，做一个虚怀若谷的人，使自己心胸不断地开阔，不管内心感到多么的充实，都要放开。觉得装的差不多时，再放开一点；觉得好像已经够满了，再放开一点；觉得已经非常充实了，所有理念都比别人正确时，仍要继续把心胸放开，放到像天那么大，像地那么大，像海那么大。不管听任何人说话、讲课，跟任何人研究事情，都要秉持着虚怀若谷的心境，敞开心胸。

古人谓学海无涯，学无止境，稍微虚心，必小有所得，非常虚心，必大有所得。虚心可容纳一切，是人生的一种境界和技巧，当别人都束手无策时，你的平淡才能显现出技高一筹。

第六章 大智若愚
——老子这样说智慧

　　傻瓜的心在嘴里，聪明人的嘴在心里。真正绝顶聪明的人从来不会去炫耀自己的能力和聪慧，他们更多的时候是揣着明白装糊涂。在处世的过程中处处留有余地，小心谨慎，左右逢源。"大勇若怯，大智若愚"讲的就是这个道理。

第六章 大智若愚
——老子这样说智慧

糊涂的心态可以有

【原典】

俗人昭昭，我独昏昏。俗人察察，我独闷闷。

——《道德经·第二十章》

【古句新解】

世俗之人都聪明自炫，只有我愚钝笨拙。世俗之人都严苛明察，唯独我这样敦厚质朴。

自我品评

糊涂是一种心态，一种做人的智慧。世上许多事，本没有搞那么清楚的必要，得过且过，偶尔糊涂几下又有什么大碍呢？

人们一向认为混沌就是世界的本源。在东方，中国有盘古开辟天地之说，有夸父身化万物之说，说明世界原本就是混沌一片，无所谓天与地，亦无所谓有真假；现代科学也论证了，最初的地球上没有空气与生命，最原始的生命体在雷电中产生，在海洋中生存发展，而后才进化成现在这样的大千世界。

人类社会的发展也是从混沌空间走向明晰和精确：数字逻辑的严密、物理化学的缜密实验和论证、仪器仪表的精确完美。但是就在这精确与严密中，人们发现了人类的苍白与无奈，连人也成了一部精确的机器，凡事斤斤计较，凡事追求因果必然。

一切都清楚明白使事实反而更加苍白无力，雾里看花的效果才是最好的。在艺术审美中，所谓的"神秘"和"空灵"，所谓的"尽在不言中"，所谓的"不着一字，尽得风流"，正是模糊朦胧产生的巨大效果。

追求精确是没有止境的，研究物质组成，人们发现了分子；深究分子组成，又发现了原子；分析原子结构，又发现了电子和原子核，今后还会有人继续研究下去，但世界的无极与太极，使人们犹如闻到香味而去追寻黄油一样，无休止地追求下去，但每前进一步都将显得更艰难和代价的昂贵，人们如一架精密仪器在为了寻求准确而工作。

但是，什么是"精确"本身就很模糊，人们认识到"精确"的无限性，于是转而研究模糊，这反映了人类认知过程的巨大转变和飞跃。混沌学、模糊理论产生了。人们高兴地发现，精确远不如模糊更符合事物的本原。而且这门科学亦开始应用于洗衣机、电脑信息产业等领域，前景广阔。

由此可见，人类的总体认知过程，包括世界本身恰似一螺旋轨迹：从混沌开始，归于混沌，中间走过了数字和精确，科学正返璞归真。

天道人事，从终极意义而言，无不归于混沌、归于糊涂。自清代文坛奇人郑板桥写下"难得糊涂"这千古不朽的四字之后，"难得糊涂"便成了许多人的人生箴言、座右铭和行动指南。

历史发展到今天，呈现出纷繁复杂、变幻万千的万花筒般的景象，在这样光怪陆离的大千世界里，很多人处在事业未竟的悲哀、爱情失败的痛苦、人际关系复杂的苦恼与管理头绪的混乱之中，世界虽未走到尽头，但失望、沮丧的情绪却笼罩了这个纷乱的世界。于是"难得糊涂"的书法作品四海泛滥，糊涂的学问五洲尊奉。对于糊涂学这一古老的命题阐释，正可谓"百家争鸣"，各有千秋。

其实，糊涂学并非神秘的高深莫测的学问，可以说，它是人生随

第六章 大智若愚
——老子这样说智慧

处可见的学问，回望我们祖先所创造的灿烂的传统文化，他们早已为我们解决了这个困惑，提供了各有侧重而又相互贯通的答案。

儒家说："'限我'是糊涂。"

道家说："'无我'是糊涂。"

佛家说："'忘我'是糊涂。"

兵家说："'胜我'是糊涂。"

每个人对于糊涂，都有不同的理解，每个人也会悟到不同的真谛。

糊涂是大智若愚、宽怀忍让；是大勇若怯，以柔克刚；是处事不悖，达观权变；是外乱内整，内精外钝；是有所不为，而后有为；是宠辱不惊，是非心外；是得意淡然，失意泰然；是宽容忍让，不计前嫌；是不以物喜，不以己悲；是乐天知命，顺应自然；是淡泊名利，知足常乐；是与世无争，宁静致远；是居安思危，未雨绸缪；是保静养神，清心寡欲；是沉默是金，寡言鲜过；是谤我容之，侮我化之……

难得糊涂，人才会清醒，才会清静，才会有大气度，才会有宽容之心。说到这里，你总会明白了吧？我们说的"难得糊涂"就是不糊涂。所以，"难得糊涂"也是为人低调生存的一种艺术。

吃亏是一种糊涂的智慧

【原典】

圣人之道，为而不争。

——《道德经·第八十一章》

【古句新解】

圣人之道，在于对人施予而不与人争夺。

自我品评

一个人的幸福与否，往往是取决于他的心境如何。如果我们用外在的东西，换来了心灵上的平和，那无疑是获得了人生的幸福，这便是值得的。

不少好朋友，或者事业上的合作伙伴，由于种种原因，后来反目成仇了，双方都搞得很不开心，结果是大打出手。

有个人却不一样，他与朋友合伙做生意，几年后一笔生意让他们所赚的钱又赔了进去，剩下的是一些值不了多少钱的设备，他对朋友说，全归你吧，你想怎么处理就怎么处理。留下这句话后，他就与朋友分手了。没有相互埋怨，给人的感觉是这人真糊涂，自己的一份也不要了。其实，这叫"好合好散"。生意没了，人情还在。

有人问李泽楷："你父亲教了你一些怎样成功赚钱的秘诀吗？"李泽楷说，赚钱的方法他父亲什么也没有教，只教了他一些为人的道理。

第六章 大智若愚
——老子这样说智慧

李嘉诚曾经这样跟李泽楷说,他和别人合作,假如李家拿七分合理,八分也可以,那么李家拿六分就可以了。

李嘉诚的意思是,他吃一点亏可以争取更多人愿意与他合作。你想想看,虽然他只拿了六分,但现在多了一百个合作人,他现在能拿多少个六分?假如拿八分的话,一百个人会变成五个人,结果是亏是赚可想而知。李嘉诚一生与很多人进行过或长期或短期的合作,分手的时候,他总是愿意自己少分一点钱。如果生意做得不理想,他就什么也不要了,宁愿吃亏。这是种风度、是种气量,也正是这种风度和气量,才有人乐于与他合作,他的生意也就越做越大。所以李嘉诚的成功更得力于他恰到好处的处世交友经验。

吃亏是福,乃智者的智慧。不管你是做老板也好,还是做他人生意场上的伙伴也罢,手下的人跟着你有好日子过、有奔头,他才会一心一意与你合作,给你干事。因为他知道老板生意好了他才会好。生意场的伙伴同你做生意不能赚钱,才会朝三暮四。

有人与朋友一旦分手,就翻脸不认人,不想吃一点亏,这种人是否聪明不敢说,但可以肯定的是,一点亏都不想吃的人,只会让自己的路越走越窄。让步、吃亏是一种必要的投资,也是朋友交往的必要前提。为什么呢?在生活中,人们对处处抢先、占小便宜的人一般没有什么好感。占便宜的人首先在做人上就吃了大亏,因为他已经处处抢先,从来不为别人考虑,眼睛总是盯着他看好的利益,迫不及待地跳出来占有它。他周围的人对他很反感,合作几个来回就再也不想与他合作下去了。合作伙伴一个个离他而去,他难以找到愿意与他重新合作的人,不是吃了大亏吗?

任何时候,情分都不能践踏。主动吃亏,山不转路转,也许以后还有合作的机会,又走到一起。若一个人处处不肯吃亏,则处处必想占便宜,于是,妄想日生,骄心日盛。而一个人一旦有了骄狂的态势,难免会侵害别人的利益,于是便起纷争,在四面楚歌之下,又焉有不败之理?

大成若缺，大盈若冲

【原典】

大成若缺，其用不弊。大盈若冲，其用不穷。

——《道德经·第四十五章》

【古句新解】

最完美的事物，看起来仿佛有缺陷，但是它的功用却永不衰竭。最充实的东西，看起来仿佛是空的，但它的功用却是无穷无尽。

自我品评

在柏拉图对话集中，加里克莱曾说，"过分的超脱有害无益，劝人不可迷信超脱而越过有益与无益的界限。"其实这也间接说明，过度的超脱无必要，适度的超脱才是我们应该做的。

其实在现实中，并不乏这样的人存在。他们站在自己确认的一定高度，以那个视角去注视他人，深得世间真味，而他人则可能只是浮于表面。也许有人质疑哪有人能真正超脱？毕竟这个世界上的人，总要在尘世中生活。但仅仅整日只为了吃饭而吃饭，这样的人生又有何意义？高人雅士大都有些自我脾气，异于常人，但他们所做的可能恰恰就是适当的超脱，不去理会一些世俗的观念，不能不说是一种人生

第六章 大智若愚
——老子这样说智慧

的大境界，而古往今来，深得超脱精髓的当属一人——庄子。

"鱼儿们在水里，多快乐啊！"庄子穿着自己编的草鞋，站在水边长长叹息。

"你又不是鱼，怎么知道鱼是快乐的呢？"惠施问他。

"咦？"庄子严肃地反问，"你又不是我，怎么知道我不知道鱼的快乐呢？"

人类对世界的认识，永远都是主观的，而客观只不过是主观的一种概率。你站在历史之外，可以肯定某些事情是必然会发生的，但如果你站在庄子的池塘边，你会知道，事情本来可以有无穷无尽的选择。庄子的意念，穿越了水和时间，和鱼儿合为一体。

"更奇怪了，你又不是我，怎么知道我是快乐的呢？"惠施生气了。

"我知道，"庄子在水底搂着那条鱼笑道，"我知道，不要和我辩论，我知道你是快乐的。"

因为知觉，因为感受。"筌者所以在鱼，得鱼而忘筌；言者所以在意，得意而忘言。"相信自己，自己便是世间的公理，所以无须与他人计较，应坦然地寻求思想的自由。当然，并非只有退隐尘世才能证明你有适当的超脱，很多时候，舍弃一点，便可以令你更出彩。

2000年12月17日，在英国的曼彻斯特城，英格兰超级足球联赛第18轮的一场比赛在埃弗顿队与西汉姆联队之间紧张地进行着。比赛只剩下最后一分钟时，场上的比分仍然是1:1。

这时，埃弗顿队的守门员杰拉德在扑球时扭伤了膝盖，球被传给了潜伏在禁区的西汉姆联队球员迪卡尼奥。

球场上原本沸腾的气氛顿时静了下来，所有的人都在等待。迪卡尼奥离球门只有12米左右，无需任何技术，只需要一点点力量，就可以从容地把球踢进没有了守门员的大门。那样，西汉姆联队就将以2:1获胜。在积分榜上，他们因此可以增加两分，而且，在此之前，埃弗顿队已经连败两轮，这个球一进，就将是苦涩的"三连败"。

在几万双现场球迷的目光注视下，迪卡尼奥没有踢出这个"决胜的一脚",而是弯下腰,把球稳稳抱到怀中……

全场因惊异而出现了片刻的沉寂,继而突然掌声雷动。

如潮水般滚动的掌声,把赞美之情献给了放弃打门的迪卡尼奥。

这举动,对于任何一个期待成功的球员来讲,都是一种莫大的舍弃,而这更意味着一种原则、一种大道、一种自信。保持如此适度的超脱,保持这一点观察的距离,保持非情绪化的客观与全面,使他获得了大家由衷的赞美。

超脱,其实就是一种选择。面对一道数学题,你必须学会放弃错误的思路;走在人生的十字路口,你必须学会放弃那些不适合自己的路线;面对失败,你必须学会放弃懦弱;面对成功,你必须学会放弃骄傲……这样一种超脱的精神,往往比拥有任何物质东西更重要。

然而,往往有盲目者以为成为高人雅士必先学会其异人品性与举止,学其皮毛并夸大,还自以为得了真髓,却不知只是舍本求末,学了形而往往未学到其实,徒惹笑柄。这样的例子举不胜举,比如金庸笔下的韦小宝,十足痞子一个,无赖一名,但得金先生妙笔,成就了一个痞子中的英雄,无赖中的高人。从另一个形式上,小宝也算是超脱之人,因为他无赖却尚知义气为何物,在皇帝与天地会两难取舍时只得避世于无名岛钓鱼。然而受其影响,我们许多人却想把其无赖精神"发扬光大",自以为学足小宝神气,便想象众多美人投怀送抱了。许多人学其义气,却只是放在与人争斗上,把义气变成了意气!

仙人也好,高人雅士也好,就算是如小宝之流,其所行所为,都有其一定的原则标准,并不逾越。为人处世,就应如此行自己之路,有自我之格,定自善之准,坚持下去,那么适度的超脱便是自然而然的了。

第六章 大智若愚
——老子这样说智慧

凡事都要把握一个度

【原典】

功成身退,天之道也。

——《道德经·第九章》

【古句新解】

一件事情做得圆满了就要含藏收敛,这是符合自然规律的道理。

自我品评

人做事要留有余地,不要把事情做得太过,不要被胜利冲昏头脑。老子认为,不论做什么事都不可过度,而应该适可而止。

锋芒毕露、富贵而骄、居功贪位,都是过度的表现,难免招致灾祸。一般人遇到名利当头的时候,没有不心醉神往的,没有不趋之若鹜的。老子在这里说出了知进而不知退、善争而不善让的祸害,希望人们把握好度,适可而止。

老子说:"持而盈之,不如其已。""盈"即是满溢、过度的意思。这句话可从两个层次来理解:

1. 人若真能对天道自然的法则有所认识,能够将生命原有的真实性善加利用,就能优游余裕而知足常乐了。如果忘记了原有生命的美善，反而利用原有生命的充裕，扩展欲望，希求永无止境的满足，那么，必定会招来无限的痛苦。还不如寡欲、知足，就此安于现实。

2. 在现实人生中的人们，若能保持已有的成就，便是最大的幸福。如果有非分的欲望和希求，不安于现实，要在原已持有的成就上，更求扩展，在满足中还要追求进一步的盈裕，最后终归得不偿失。

总之，这种观念的重点，在于一个"持"字的诀窍。能不能持盈而保泰，那就要看当事人的智慧了。自满自骄都是"盈"的表现。持"盈"的结果，将不免于倾覆的祸患。

老子谆谆告诫人们不可"盈"，一个人在成就了功名之后，就应当身退不盈，适可而止，功成则身退，才是明智之举，长保之道。因为贪慕权位利禄的人，往往得寸进尺；恃才傲物的人，总是锋芒毕露，耀人眼目，这些是应该引以为戒的。否则富贵而骄，便会招来祸患。

就普通人而言，建立功名是相当困难的，而功成名就之后如何去对待它，就更不容易了。老子劝人功成而不居功，急流勇退，结果可以保全天年。然而有些人则贪心不足，居功自傲，忘乎所以，结果身败名裂。

比如秦国丞相李斯即是如此。李斯在秦国为官，已经做到丞相之位，可谓富贵集于一身，曾经叱咤风云，不可一世，然而最终却做了阶下囚。临刑时，他对儿子说，"吾欲与若复牵黄犬，出上蔡东门，逐狡兔，岂可得乎？"不仅丞相做不成了，连做一个布衣百姓与儿子外出狩猎的机会也没有了，这是多么典型的一个事例！可惜李斯在没有身败名裂之时，没有领会老子"功成身退"的真谛。

作为普通人要做到淡泊名利与地位，才有可能"功成身退"。事物的发展本来就是向着自己的反面在一定条件下转化的，否泰相参、祸福相依，古今中外的历史上长盛不衰能有几人？"功成名就"固然是好事，但其中却也含有引发祸水的因素。老子已经悟出辩证法的道理，正确指出了进退、荣辱、正反等互相转化的关系，否则便会招致灾祸。因而他奉劝人们趁早罢手，见好即收。

第六章 大智若愚
——老子这样说智慧

做任何事情都要有个度，所谓"官大担险，树大招风"、"否极泰来"、"物极必反"，都说明了这个道理。一个人到了一定的爵禄官位就应该急流勇退，否则会给自己带来灾祸。

做任何事情都不能做得太过，否则会使自己走向衰落；言语行为不可以论调太高，否则会受人中伤而毁坏名誉。这些道理很多人也都明白，但真正能做到的人却不多，官做大了虽然有危险，可还想做下去；钱赚多了有麻烦，可还想赚更多；声誉已经够高了，可还想赢得更大的荣誉。对于这些人来说，一定要常常提醒自己：要回避风头，舍财免灾，多做善事，少谋私利。

宋代著名文学家欧阳修有这样的诗句："定册功成身退勇，辞荣辱，归来白首笙歌拥。"这正体现了"功成身退"的精神。

一个人如果已经握有锋锐的利器，但却仍然不满足于现状，反要在锋刃上更加一重锐利，俗谚所谓"矢上加尖"，那么原有的锋刃就很难保了。这是形容一个人对聪明、权势、财富等等，都要知时知量，自保自持。如果已有聪慧而不知谦虚涵容，已有权势而不知隐遁退让就会招来祸患。其实富贵容易骄横，得意容易忘形，这是人类的通病。

路易十六在凡尔赛宫的宫廷生活，耗费国家金钱之多，令人叹为观止。每当有外国君主或重臣来访，路易十六都一定要在凡尔赛宫开设盛宴，一次宴会下来，动辄就是千万金元，笙歌达旦，作长夜之欢，戏子、歌女、舞妓，日夜不停地出入宫门，跳羽衣舞，唱霓裳曲。凡尔赛宫一年所喝的葡萄酒，就值70万法郎之多。至于王宫中所用的宫人，那更是多到令人难以置信。国王的秘书官将近千人之多，王后的侍女也有500人之多，总计凡尔赛宫的宫女和侍臣有16000人，这里面还不包括一般贵族与朝臣。

皇宫里的御用马匹有8900多匹，御用车辆百多辆，所以每当路易十六出外巡幸，其行列之壮大有如祭典，无数车马排成一条长蛇阵，大臣们佩紫带黄，宫女们美服艳装，那种穷奢极欲的威风气派，真是有如天人一般。总计每年王室所花用的金钱竟相当国库总收入的五分之一。除此之外，还有将近一万名禁卫军，每年也要花费三百万法郎以上。王后安唐妮，那更是豪侈无度。她光是各种手镯，就能值到七八百万法郎，其他的首饰那就更不用说了。可惜路易十六不能"持盈保泰"，反而促成大革命的提早来临，徒使自己与安唐妮王后都上了断头台。

宋朝名将狄青任枢密使的时候，自恃有功，十分的骄横傲慢，得罪了一些人。当时文彦博执掌国事，建议皇上调狄青出京做两镇节度使，狄青不服，向皇上陈述自己的想法说："我没功，怎么能接受节度使的任命？我没有犯罪，为什么要把我调离京城呢？"皇上宋仁宗觉得他说的有些道理，就没有再怎么样，而且称赞狄青是个忠臣。文彦博对仁宗说："太祖不也是周世宗的忠臣吗？太祖得了军心，就有了陈桥兵变。"仁宗听了这番话，嘴上什么也没说，但同意了文彦博的意见。狄青对此毫无所知，就又到中书省去自己辩解，仗着自己的军功还是不想去当节度使。

文彦博则对他说："让你出去当节度使没有别的原因，是朝廷怀疑你了。"狄青一听此话后退数步，惊恐不安，只好出京。朝廷每月两次派使者去慰问他，只要一听说朝廷派人来了，狄青就恐惧不已，不到半年，就发病身亡了。

狄青自恃有功，于是骄傲起来，不懂得功成身退的道理，结果是自损其身。人要忍骄，不自以为是，要克骄防矜，谦恭待人，才能获得他人的支持和拥护。而现今社会，富贵而骄横者却大有人在，尤其是暴发之人，理应以此为戒。

老子说，"贵以贱为本，高以下为基"。富贵者应该认识到"贱"、"下"是自己的根基。有道的人无须光华如玉，质朴之中自有风度。

第六章 大智若愚
——老子这样说智慧

做人要学会知足常乐

【原典】

故知足之足，常足矣。

——《道德经·第四十六章》

【古句新解】

所以知道满足的人才能得到满足。

自我品评

知足常足，也就是我们通常说的知足常乐。一个人知道满足，心里面就时常是快乐的、达观的，有利于身心健康。相反，贪得无厌，不知满足，就会时时感到焦虑不安。用叔本华的观点来讲就是，会使人生在欲望与失望之间痛苦不堪。

现实中，我们看到不少落得身败名裂的人正是因为欲壑难填，贪得无厌而走上犯罪道路的。看到这些人的犯罪事实，很多人都会由衷感叹说："要是他早一点收手，大概也不会走到这一步的！"这些感叹所流露的，正是"知足"的思想。问题是，一旦受贪欲支配，又哪里会知足，哪里会收得住手呢？所以，"知足"不是没有追求而是追求的过程中懂得把握一个度。

"知足常乐"更不是平庸的表现，相反，倒是难得修炼成的德性。尤其是在当今这个物欲诱惑滚滚而来挡也挡不住的时代。人是应该有更高的追求，但这与知足并不矛盾。实现了一个目标后，可以准备下一个，但不能在这个还没实现时就想得到更多，那就沦为了贪婪，事实上，知足才是最好的追求动力。

知足不同于自满，虽然从表面上看来，它们都是对自身状况感到满意的反应，但由于出发点和外在表现的不同，它们往往给人以不同的感受。而从根本上说，知足也罢，自满也罢，与外在客观条件并不一定有相互的关联。一个人觉得生活到这个程度，于愿已足，并不代表他的生活真的就一定无懈可击，样样可打满分。主要是他能衡量自身的能力，正视客观的条件，不妄想不贪求，也不去与他人比高下，能够以宽容坦荡的心去对待生活，使自己的人生不受外界的影响和干扰，顺命随缘地和平度过。

那些骄傲的人，真的都是那么自信、骄傲，对自身的一切都心满意足，自认为高人一等吗？如果你肯仔细分析，也许会吃惊地发现，事情恰恰相反。依据心理学上的说法，那种处处要表现自己的不凡，就怕别人不知他的出类拔萃和光荣历史，无法克制地要以骄傲的面孔示人的人，常常是心理上欠缺安全感、满足感，或自怜狂在作祟的人。因为缺少安全感、满足感，便相对地失去了自信，反而更急于要在别人的赞美或惊叹声中找回信心，证明确实如自己所希望和所幻想的那样不同凡响。

骄傲、自满、目中无人，是由于反常心理在后面推动，不但予人极坏的印象，也是一种十分可悲的病态心理。知足常乐的人很容易被人们认为是胸无大志。因为这些人往往在竞争异常激烈的今时今日，不去争，不去怨，不去嫉妒、伤害他人，乐观地生活着，这样就导致别人以为他们没出息、没能力，这显然是一种错误的观点，知足并不代表不进取，无大志，它只是我们的一种生活态度而已，是一种看透世事无常后的大彻大悟罢了。能够体味人生的酸甜苦辣，做自己所喜欢的事，丰衣足食，爱己所爱，没有虚度这岁月年华，心灵从容富足，那么无论贫富贵贱，都足以安心了。

生长于贫困之家与生长于富贵之家，人生中的得意与失意，都不可看得太重。如果以不义的手段取得财富和尊位，好像浮云一样，既不会长久，也不值得看重。这是先哲孔夫子的一番话。他还说：人都有利心，这是不可避免的，但是要去贫贱、求富贵都必须以是否符合"义"为前提，"重义"应该是人的本分，因为欲望是无止境的，如果不惜用一切手段，谋求富贵，最后吃亏的还是自己。

荀子说：如果去争夺财富，而不知道辞让，只是商人盗贼罢了。以这样的姿态去挥霍自己的精力与生命，本身就是对生命的一种亵渎。

南方楚国有一个人叫支离疏，他的形体是造物主的一个杰作或者说是造物主在心情愉快时开的玩笑，脖子像丝瓜，脑袋形似葫芦，头垂到肚子上而双肩高耸超过头顶，颈后的发髻蓬蓬松松似雀巢，背驼得两肋几乎同大腿并列。然而支离疏却暗自庆幸，感谢上苍独钟于他，平日里乐天知命，舒心顺意，日高尚卧，无拘无束，替人缝衣洗服，簸米筛糠，足以糊口度日。当君王准备打仗，在国内强行征兵时，青壮汉子如惊弓之鸟，四散逃入山中。而支离疏呢，偏偏耸肩晃脑去看热闹，他这副尊容谁要呢，所以他才那样大胆放肆。

当楚王大兴土木，准备建造王宫而摊派差役时，庶民百姓不堪骚扰，而支离疏却因形体不全而免去了劳役。每逢寒冬腊月官府开仓赈贫时，支离疏欣然前去领取三钟小米和十捆粗柴，仍然不愁吃不愁穿。

老子说过："有所为才能有所不为。"换句话说，能知足才知不足。知足与不知足是一个量化的过程，我们不会把知足停留在某一个水平上，也不会把不知足固定在某一个需要上。不同的时代，不同的环境，不同的阶层，不同的年龄，不同的生活经历，知足与不知足总会相互转化。

穷苦的青年人还是不要知足的好，唯有这样，生活才会改观；暴发户们，对于精神生活的追求多一些也许可以提升生活质量。知足使

人平静、安详、达观、超脱；不知足使人骚动、搏击、进取、奋斗；知足的智慧在于知不可行而不行，不知足的智慧在于知可行而必行之。

若知不可行而勉为其难，势必劳而无功；若知可行而不行，则是堕落和懈怠。这两者之间实际上存在一个"度"的问题。度就是分寸，是智慧，更是水平。如同树木的生长，只有在合适温度的条件下，树木才会发芽。

《渔夫和金鱼》中的那个老太婆是不懂得知足的最大失败者，她就是没有把握好知足这个"度"。在知足与不知足之间，应更多地倾向于知足。因为它会让我们心中坦然，无所取，无所需，就不会有太多的思想负荷。在知足的心态下，一切都会变得合理、正常、坦然，我们还会有什么不切合实际的欲望和要求呢？

有一首《不知足歌》曾广为流传，那首歌当然有封建时代的局限性，但却不失戒世的意义。

歌词是这样的：终日茫茫只为饥，方得饱来便思衣。衣食两般俱丰足，房中又少美貌妻。娶下娇妻并美妾，出入无轿少马骑。骡马成群轿已备，田地不广用难支。买得田园千万顷，又无官职被人欺。七品五品犹嫌小，四品三品犹嫌低。一品当朝为宰相，又想神仙对局棋。种种妄想无止息，一棺长盖念方灰。

这首歌的作者最后说："不知足"乃人间活地狱，活百年也无一刻之乐境，每日只生无限之愁叹！不与人比，坚持自己的价值观，不用处心积虑地算计别人，懂得知足，那么你就会拥有真正而长久的快乐。

知足是一种境界。知足的人总是微笑着面对生活，在懂得知足的人眼里，世界上没有解决不了的问题，没有蹚不过去的河，他们会为自己寻找合适的台阶，而绝不会庸人自扰。

第六章 大智若愚
——老子这样说智慧

做人不要太斤斤计较

【原典】

名与身孰亲？身与货孰多？得与失孰病？是故甚爱必大费，多藏必厚亡。

——《道德经·第四十四章》

【古句新解】

名誉、名声和生命到底哪个更重要呢？自身与财物相比，何者是第一位的呢？得到名利地位与丧失生命相衡量起来，哪一个是真正的得到，哪一个又是真正的丧失呢？所以说，过分追求名利地位就会付出很大的代价，有庞大的储藏，一旦有变则必然是巨大的损失。

自我品评

老子的话极具辩证法思想，告诉我们应该站在一个什么样的立场上看得失的问题。也许一个人可以做到虚怀若谷、大智若愚，但是一旦吃亏，他就会觉得自己在遭受损失，渐渐地就会心里不平衡，于是就会计较自己的得失，再也不肯忍气吞声地吃亏，一定要分辨个明明白白。结果朋友之间、同事之间是非不断，而所想得到的也照样没有得到，这是失的多还是得的多呢？

每一种生活都有它的得与失，正如俗话所说："醒着，有得有失；睡下，有失有得。"所以我们应该正视人生的得失，要知道世间之物本来就是来去无常，所以得到的时候要懂得珍惜，失去的时候也不必无所适从。

月亮即使有缺，也依然皎洁；人生即使有憾，也依然美丽。不舍弃别人都有的，便得不到别人都没有的。会生活的人失去的多，得到的更多，只要这样一想，你自然就会有一种释然顿悟的感觉。人在大的得意中常会遭遇小的失意，后者与前者比起来，可能微不足道，但是人们却往往会怨叹那小小的失，而不去想想既有的得。

得到固然令人欣喜，失去却也同样使人伤心。得到的时候，渴望就不再是渴望了，于是得到了满足，却失去了期盼；失去的时候，拥有就不再是拥有了，于是失去了所有，却得到了怀念。连上帝都会在关了一扇门的同时又打开一扇窗，得与失本身就是无法分离：得中有失，失中又有得。

《孔子家语》里记载：有一天楚王出游，遗失了他的弓，下面的人要去找，楚王说："不必了，我掉的弓，我的人民会捡到，反正都是楚国人得到，又何必去找呢？"孔子听到这件事，感慨地说："可惜楚王的心还是不够大啊！为什么不讲人掉了弓，自然有人捡得，又何必计较是不是楚国人呢？"

"人遗弓，人得之"应该是对得失最豁达的看法了。就常情而言，人们在得到一些利益的时候，大都喜不自胜，得意之色溢于言表；而在失去一些利益的时候，自然会沮丧懊恼，心中愤愤不平，失意之色流露于外。但是对于那些高尚的人来说，他们在生活中能"不以物喜，不以己悲"，并不把个人的得失记在心上，他们面对得失心平气和、冷静以待。

如晋代的陶渊明在官场摸爬滚打十多年之后，认为官场是污浊的、肮脏的，置身其中总有一种格格不入的感觉。于是，他毅然决然辞官还乡，失去了功名利禄，失去了工作，没有了养家糊口的凭借，但是

第六章 大智若愚
——老子这样说智慧

他却毫无遗憾和留恋。"采菊东篱下，悠然见南山。"精神上的这些得意和轻松，是任何物质的东西都难以替代的，陶渊明不被世俗所束缚，舍弃物质利益，放飞心灵的伟大壮举，千百年来，令多少人"高山仰止，心向往之"。

当我们在得与失之间徘徊的时候，只要还有抉择的权利，那么，就应当以自己的心灵是否能得到安宁为原则。只要能在得失之间做出明智的选择，那么，我们的人生就不会被世俗所淹没。

我们不要做患得患失之人，不要在生活中计较太多，不要做锱铢必较、追名逐利之徒。面对得失我们一定要有清醒的头脑，不要把得失看得太重，在得的后面，可能潜藏着失，只有那些短视的人，才只顾眼前利益，看不见利益背后的隐患；而失的后面也有可能潜藏着得，只不过有的人因为目光短浅对此不作深入分析，只看到是一种失，便避之唯恐不及，从而与"失中之得"擦肩而过。

中国历史上很多先哲都明白得失之间的关系，他们看重的是自身的修养，而非一时一事的得与失。春秋战国时期的子文，担任楚国的令尹。这个人三次做官，任令尹之职，却从不喜形于色，三次被免职，也怒不形于色。这是因为他心里平静，认为得失和他没有关系了。

子文心胸宽广，明白争一时得失毫无用处。该失的争也不一定能够得到，越得不到，心里越不平衡，对自己毫无益处，不如不去计较这一点点损失。

其实人生百年，贪欲再多，官位权势再大，钱财再多，也一样是生不带来死不带走。可偏偏有人处心积虑，挖空心思地巧取豪夺，难道这就是人生的目的？这样的人生难道就完善就幸福吗？过于注重个人的得失，会使一个人变得心胸狭隘，斤斤计较，目光短浅。而一旦将个人利益的得失置于脑后，便能够轻松对待身边所发生的事，遇事从大局着眼，从长远利益考虑问题。

南朝梁人张率，12岁时就能做文章。天监年间，担任司徒的职务，在新安的时候，他曾派家中的仆人运3000石米回家，等运到家里，米

已经耗去了大半。张率问其原因，仆人们回答说："米被老鼠和鸟雀损耗掉了。"张率笑着说："好大的鼠雀！"后来始终不再追究。

张率不把财产的损失放在心上，是他的为人有气度，同时也可看出他的作风。粮食不可能被鼠雀吞掉那么多，只能是仆人所为，但追究起来，主仆之间关系僵化，粮食还能收得回来吗？粮食已难收回，又造成主仆关系的恶化，这不是失得更多、更大吗？

同样，唐朝人柳公权，他家里的东西总是被奴婢们偷走。他曾经收藏了一筐银杯，虽然筐子外面的印封依然如故，可其中的杯子却不见了，追究起来那些奴婢反而说不知道。柳公权笑着说："银杯都化成仙了。"从此不再追问。

美国心理学专家罗宾通过多年的研究，以铁的事实证明，凡是太能算计得失的人，实际上都是很不幸的人，甚至是多病和短命的人，他们这些人中的90%以上都患有心理疾病。这些人感觉痛苦的时间和深度也比不善于算计的人多了许多倍。换句话说，他们虽然会算计，但却没有好日子过。

罗宾根据多年的研究，列出了200道测试题，测试你是否是一个"太能算计得失者"。这些题很有意思，比如：你是否同意把一分钱再分成几份花？你是否认为银行应当和你分利才算公平？你是否梦想别人的钱变成你的？你出门在外是否常想搭个不花钱的顺路车？你是否经常后悔你买来的东西根本不值？你是否常常觉得你在生活中总是处在上当受骗的位置？你是否因为给别人花了钱而变得闷闷不乐？你买东西的时候，是否为了节省一块钱而付出了极大的代价，甚至你自己都认为，你跑的冤枉路太多……只要你如实地回答这些问题，就能得出你是否是一个"太能算计得失者"。

凡是对得失太过于算计的人，都是活得相当辛苦的人，又总是感到不快乐的人。在这些方面，罗宾有许多宝贵的总结。

第一，一个太能算计得失的人，通常也是一个事事计较的人。无论他表面上多么大方，他的内心深处都不会坦然。算计得失本身首先

第六章 大智若愚
——老子这样说智慧

已经使人失掉了平静,掉在一事一物的纠缠里。而一个经常失去平静的人,一般都会引起较严重的焦虑症。一个常处在焦虑状态中的人,不但谈不上快乐,甚至可以说是痛苦的。

第二,**爱算计得失的人**在生活中很难得到平衡和满足,反而会产生对人对事的不满和愤恨。常与别人闹意见,分歧不断,内心充满了冲突。

第三,**爱算计得失的人**,心胸常被堵塞,每天只能生活在具体的事物中不能自拔。习惯看眼前而不顾长远。更严重的是,世上千千万万事,爱算计得失者并不是只对某一件事情算计,而是对所有事都习惯于算计。太多的算计埋在心里,形成沉重的负担,这样的人怎么会有好日子过?

第四,**太能算计得失的人**,也是太想得到的人。而太想得到的人,很难轻松地生活。往往还因为过分算计引来祸患,平添麻烦。

第五,**太能算计得失的人**,必然是一个经常注重阴暗面的人。他总在发现问题,发现错误,处处担心,事事设防,内心总是灰色的。

罗宾的研究还表明:太能算计的人,心率的跳动一般都较快,睡眠不好,常有失眠现象伴随。消化系统遭到破坏,气血不调,免疫力下降,容易患神经性、皮肤性疾病。最可怕的是,太能算计的人,目光总是怀疑的,常常把自己摆在世界的对立面,这实在是一种莫大的不幸。

太能算计的人骨子里还贪婪。拥有更多的想法,成为算计者挥之不去的念头,像山一样沉重地压在心上,使生命变得没有轻松和快乐。

而更有趣的是,罗宾自己曾经就是一个患得患失的人。他知道哪家袜子店的袜子最便宜,哪怕只比其他店便宜几分钱;他知道方圆30里内,哪家快餐店比其他店多给顾客一张餐巾纸;甚至哪辆公共汽车比哪辆公共汽车便宜5分钱,什么时候看电影门票最低等等。

正因为这样,他得了一身病。30岁之前,他总与医院打交道。当然,他也知道哪一家医院的药费最便宜。不过那时他没有一天好

日子过，更不要说快乐了。幸运的是，罗宾在他32岁那年终于醒悟了，他开始了关于"患得患失者"的研究，追踪访查了几百人，得出了惊人的结论。

罗宾的研究成果，使许多人脱离苦海，看清了自己，身心得到了解放，不但改变了命运，也过上了好日子，他自己的病也全好了。如今，他已经成为美国最健康人群中的一员，每天都是乐呵呵的。他的新作《好日子》也已出版，在美国家喻户晓。

《老子》说："祸往往与福同在，福中往往就潜伏着祸。"得到了不一定就是好事，失去了也不见得是件坏事。正确地看待个人的得失，不患得患失，才能真正有所得。人不应该为表面的得到而沾沾自喜，得也应得到真的东西，不要为虚假的东西所迷惑。失去固然可惜，但也要看失去的是什么，如果是自身的缺点、问题，这样的失又有什么值得惋惜的呢？

第六章 大智若愚
——老子这样说智慧

善待他人就是善待自己

【原典】

故物或损之而益，益之而损。

——《道德经·第四十二章》

【古句新解】

因此事物有的减损了反倒增益，有的增益了反倒减损。

自我品评

娜姆是一个来自泸沽湖畔摩梭族的乡下女孩，她甜美的歌声响彻全世界，被世人喻为中国的"夜莺"。她在事业上的一帆风顺，源于她得到过一个神秘老人的资助。

娜姆初到美国留学时，生活拮据，她白天学习音乐和英语，晚上就在一个小餐厅里当服务生。那天，一个面容憔悴、神情凄苦的老人，为躲避外面的狂风走进餐厅。所有的人都漠视他，甚至有人因为他的寒酸要赶他出门。只有娜姆动了恻隐之心，她知道有很多美国老人晚年都很孤独凄苦，于是搬了一把软椅让老人休息，并自掏腰包为他要了饮料。为了让老人开心，还专门为他点唱了中国的民歌，并热情邀请他参加中国留学生的聚会。渐渐地，老人笑逐颜开了。

两个月后，这位老人交给娜姆一封信和一串钥匙，信封里装着一张巨额支票，娜姆惊愕万分。信的内容如下：娜姆，我年轻的时候收养了三个越南孤儿，为此一直没有结婚。可当我含辛茹苦地教育他们长大成人自立后，他们却抛弃了我这个养父，我退休前在一家公司当工程师，有着丰厚的收入，但钱对我这个历尽沧桑、将要入土的老人毫无意义，我需要的是亲人的温暖和友谊。娜姆，只有你给过我这种金钱难买的情谊。现在，我要回到乡下落叶归根，我把这一生的积蓄和房子都留给你，用这些钱来实现你源于泸沽湖畔的音乐梦吧。从此，老人杳如黄鹤。

娜姆心潮澎湃，感慨万千，为了告慰老人，她用这笔钱做了一张风靡全球的中国民族音乐专辑，并开始致力于中外文化交流。

学会在举手投足之间撒下一颗颗关爱的种子，有一天，当它成长为参天大树并为你带来丰硕的果实时，定会让你惊喜不已。给予他人慈爱和真诚并不需要很多、很昂贵的付出，有时甚至是极其简单的。

真正的成功人士，尤其是取得了巨大成就的成功人士，都会善待跟他有关的每一个人，而且每个人都很尊敬他、看重他。因为他把那些人看得很高，满足了那些人的心理需求，因此他就能从他们那里获得更大的好处。善待人、肯为他人付出的人，不会因为付出而使自己受损，反而会使自己得到更多的回赠。

哈姆威是西班牙的一个制作糕点的小商贩，在狂热的移民潮中，他也怀着掘金的心态来到了美国。但美国并非他想象中的遍地是金，他的糕点在西班牙出售和在美国出售，根本没有多大的区别。

1904年夏天，哈姆威知道美国即将举办世界博览会，他把自己制作糕点的工具搬到了会展地点路易斯安那州。值得庆幸的是，他被政府允许在会场的外面出售他的薄饼。

他的薄饼生意实在糟糕，而和他相邻的一位卖冰淇淋的商贩的生意却很好，一会儿就售出了许多冰淇淋，很快就把带来的用来装冰淇淋的小碟子用完了。心胸宽广的哈姆威见状，就把自己的薄饼卷成锥

第六章 大智若愚
——老子这样说智慧

形,让他盛放冰淇淋。卖冰淇淋的商贩见这个方法可行,便要了哈姆威的薄饼,大量的锥形冰淇淋便递到顾客们的手中。令哈姆威意料不到的是,这种锥形的冰淇淋被顾客们看好,而且被评为世界博览会的真正明星。

从此,这种锥形冰淇淋开始大行于市,逐渐演变成了现在的蛋卷冰淇淋。它的发明被人们称为"神来之笔"。有人这样假设:如果当初两个经销商不靠在一起,更重要的是如果哈姆威不懂得善待他人,那么今天我们能不能吃上蛋卷冰淇淋还很难说。

善待他人的反面就是淡漠他人,甚至是算计陷害他人,其结果往往是害人害己。

在一片茫茫沙漠的两边,有两个村庄。从一个村庄到另一个村庄,如果绕过沙漠走,至少需要马不停蹄地走上二十多天;如果横穿沙漠,那么只需要三天就能抵达。但横穿沙漠实在太危险了,许多人试图横穿沙漠,结果无一生还。

有一年,一位智者经过这里,让村里人找来了几万株胡杨树苗,每半里一棵,从这个村庄一直栽到了沙漠那端的村庄。智者告诉大家说:"如果这些胡杨有幸成活了,你们可以沿着胡杨树来来往往;如果没有成活,那么每一个走路的人经过时,要将枯树苗拔一拔,插一插,以免被流沙给掩埋了。"

这些胡杨苗栽进沙漠后,很快就全部被烈日烤死了,成了路标。沿着"路标",这条路大家平平安安地走了几十年。

后来,村里来了一个僧人,他坚持要一个人到对面的村庄去化缘。大家告诉他说:"你经过沙漠之路的时候,遇到要倒的路标一定要向下再插深些;遇到要被掩埋的树标,一定要将它向上拔一拔。"

僧人点头答应了,然后就带了一皮袋的水和一些干粮上路了。他走啊走啊,走得两腿酸累,浑身乏力,一双草鞋很快就被磨穿了,但眼前依旧是茫茫黄沙。遇到一些就要被黄沙彻底掩埋的路标,这个僧人想:"反正我就走这一次,掩埋就掩埋吧。"他没有伸出手去将这些路标向上拔一拔。遇到一些被风暴卷得摇摇欲倒的路标，这个僧人也没有伸出手去将这些路标向下插一插。

但就在僧人走到沙漠深处时，寂静的沙漠突然飞沙走石，有些路标被掩埋在厚厚的流沙里，有些路标被风暴卷走，没有了踪影。

这个僧人像没头的苍蝇似的东奔西走，却怎么也走不出这个大沙漠。在气息奄奄的那一刻，僧人十分懊悔：如果自己能按照大家吩咐的那样做，那么即便没有了进路，还可以拥有一条平平安安的退路啊！

一个人的生命，有助于他人，才能充满了喜悦、快乐，才有价值和意义，才能称为成功，才能称为幸福。我们必须要有所"给予"，才能有所取得，我们的生命才能生长。大量地给予他人以爱心、善意、扶助，那些东西在我们本身是不会因"给予"而有所减少的，反而会由于给人愈多，我们自己获得的也愈多。我们把爱心、善意、扶助给人愈多，则我们所能收回的爱心、善意、扶助也愈多。

常常向别人说亲热的话，常常注意别人的好处，说别人的好话，能养成这种习惯是十分有益的。人类的短处，就在于常常彼此误解、彼此指责、彼此猜忌，假使人类能够减少或克服这种误解、指责、猜忌，能彼此相互友爱、同情、扶助，假使我们能改变态度，不要一意去指责他人的缺点，而多注意一些他们的优点，则于己于人都有益处。

不走的路都要走三遍。也许那个人现在对你不重要，但也许某一天、某个特殊的时候就显得重要了。事实上，每个人，不管他的身份多么微不足道，地位多么的低贱，他对你都会有重要的一天。道理很简单，就仅仅因为他是个人。所以，当你满足了他的愿望，使他意识到他对你很重要时，他就会更加卖力，对你会加倍地友好。善待他人、关爱他人，实际上就是善待自己、关爱自己。

我们不轻易给予他人我们的爱心与扶助，因此，别人也"以我们之道，还治我们之身"，以致我们也不能轻易获得他人的爱心与扶助。假使人们彼此都有互爱的精神，世界一定会处处充满温暖的阳光。

做人不妨适当装装傻

【原典】
知者不言，言者不知。
——《道德经·第五十六章》

【古句新解】
智慧的人不多言，多言的人必愚笨。

自我品评

聪明是一件好事，但是自诩聪明、聪明过头或耍小聪明都会给自身招来祸端；而真正聪明的人则是"大智若愚"，即心里明白，嘴上不说，装糊涂人，做聪明事。常言说"聪明难糊涂更难"，是说我们在处理事情的时候，要保持清醒的头脑很难，但要在适当的时候装糊涂更加难。

"难得糊涂"历来被推崇为高明的处世之道。"糊涂"是假的，装傻的人既不是真傻，也不是真狡猾，关键就在这个"装"字上。你必须有良好的演技、灵敏的思维、睿智的头脑、生活的智慧，这样，才能"装"得恰如其分，"傻"得恰到好处。其实，只要内心是与人为善，出发点是利人利己，毫不扭捏做作，自然而然地装傻不仅可以帮助人们解决很多问题，也可以让你的生活充满惊喜。

聪明是一件好事，因为聪明的人明白如何少犯错误，但是聪明也未必尽是好事，尤其是自诩聪明、聪明过头的人，将会给自己招致不必要的麻烦，所谓"聪明反被聪明误"说的就是这个道理。因此，在适当的时候，装傻不仅是真正的聪明，也是一种艺术，更是一种真正的人生大智慧。

装糊涂人，做聪明事，是明哲保身非常有用的办法。汉朝的萧何是一个精通儒家勤政、谨慎窍门的人，他侍奉大杀功臣的刘邦多年，最后能得以善终，这和他知道如何装糊涂有很大的关系。

刘邦在灭楚之后，论功行赏，萧何当了一人之下万人之上的宰相。但他非常谨慎。在他官拜宰相的消息传出后，不少人都登门向他道贺，唯有一个叫召平的人提醒萧何：你的灾祸可能会从此发生！现在皇上离开京城，率兵打仗去了，封你为宰相，掌握护兵，一方面是为了讨好你，另一方面也是为了防备你。如果你现在辞退封赏，献出自己的财产做军费，皇上一定会很高兴，这也会减少皇上心中的疑虑。萧何仔细一想，觉得他的话有道理，于是，便按召平的建议去做，把自己的子弟送到军中随刘邦作战，又把自家的资财捐给前方做军费，于是得到了高祖的欢心。

在黥布叛变的时候，高祖又亲自带兵去讨伐，让萧何留在后方。萧何全力安抚百姓，巩固民心。有人见他勤勤恳恳，便非常担心，劝他说：相国小心遭杀身之祸啊！自从你入关十多年来，收揽民心，人们打心眼里敬重你，陛下知道你众望所归，所以常常派人注意你的动向，唯恐你背叛他。你如果想保全家人的性命，从今天开始就要破坏自己的形象，把声望压下来，才能让陛下放心。萧何细一思量，觉得他的话有道理，便没收百姓土地，搅民、乱民，使百姓对他怨声载道，萧何的威信下降了，可是刘邦却对他放了心。

伴君如伴虎，萧何正是用了装糊涂的招术才得以保全性命。如果是其他居功自傲的人，恐怕早就人头落地了。

所谓世事无常，即使你拜相封侯，位极人臣，也不敢保证你会永

第六章 大智若愚
——老子这样说智慧

远辉煌、永远平安。当你辉煌之时，即便没一点缺点瑕疵，也会遭人猜忌。他人防备的不是你的缺点，而是你的才干，如果你不知道急流勇退，以装糊涂的方式明哲保身，难免会被压制，甚至因此招致杀身之祸。

装糊涂人，做聪明事，是一种做人的高深境界，在适当时候装糊涂可以使别人认为自己厚道老实，可以使自己落得清静，实乃堪称"大智若愚"的精明表现。

装傻，不是"呆痴、愚昧、傻里傻气、装傻充愣"，装傻强调的是一个"装"字，是揣着明白装糊涂，是心里明镜似的却不言语、不点破。不是弄虚作假，不是耍心机、装城府，更不是真正傻，真糊涂。装傻，是要在特定的时刻为某种需要做出恰当的"傻人"之举，是一种有深度和富含技巧的行为和艺术。

装傻，可以说适用于任何场合。具体点说，人际交往中的装傻可以适时地为人遮羞，避免尴尬，也可以给人给己找台阶下，留后路走；待人接物中的装傻可以适时地掩藏你的棱角和锋芒，可以让你更加平易近人，也可以更好地与人交流和沟通；个人发展中的装傻既可以有效地保护自我，又能充分地发挥自己的睿智和才华，养成谦虚礼让的观念和美德。

而在爱情中，装傻更是恋人之间相处的重要学分。比如说，在恋人指星星指月亮承诺许愿的时候，千万别果真要求他把月亮摘给你，或者兑现答应你的太空蜜月旅行。你要故作崇拜地看着他的眼睛，装作自己相信所有的神话和奇迹的样子，轻轻地倚在他的身旁，无限憧憬。

恋人不小心在你面前出丑，比如说错话、摔跟头、露怯或者是犯傻，你要佯装不知道，没看见、没听清楚或者干脆没听到，以便从容不迫、避实就虚，快速地转移话题，迅速地移开视线，保留恋人小小的虚荣心和避免随之而来的尴尬场面。

恋人在朋友们面前吹大牛、夸海口，比如说你们打算国庆的时候去趟巴黎，顺便开个画展什么的，你要表现出无限神往、迫不及待，又要适时地告诉他，自己可能国庆要加班，计划可能要顺延。给他留足颜面的同时，也适时地制止他的漫无边际和滔滔不绝。

发现恋人撒谎或者口不择言，比如明明是兄弟聚会非要说成公司庆典或者加班，或者因为一件小事开始攻击你的家庭环境和教育水平，你要对他的行为表现出适度地不齿和鄙视，要在时过境迁之后含蓄地提醒他绝不可以再犯。要让他知道这会对你造成伤害，产生你对他的坏印象，会使你们的关系产生不必要的裂痕，会逐渐影响你们之间的亲密以及信任。

不管恋人是因为愧疚还是不甘，继续与自己的前女友藕断丝连时，你要在旁敲侧击地暗示和警告的同时就此打住，不要刨根问底、追根究源，既要表现出你的宽容和大度，又要有效地防止他们破镜重圆、旧情复燃。

装傻是一种技能，不一定是与生俱来的能力，要靠我们在生活中不断去体会、不断去掌握、不断去学习；装傻是一种技巧，自以为是往往会聪明反被聪明误，学会装傻会让更多的人接受你，人会因为有一点点傻而变得可爱；装傻是一种境界，可以放低身价更是一种勇气。智慧的人懂得用他的聪明去创造真正的价值，有时候生活中的小傻可以托起事业人生的大成就；装傻是一种磨练，可以让人忘记一些应该忘记的事、可以让心情变得轻松一点。

生活是一个五味瓶，而装傻是其中的调料。只有学会了装傻，才可以笑对所有的是是非非。

第六章 大智若愚
——老子这样说智慧

难得糊涂的高境界

【原典】

大直若屈，大巧若拙，大辩若讷。

——《道德经·第四十五章》

【古句新解】

最正直的东西，好似有弯曲一样；最灵巧的东西，好似最笨拙的；最卓越的辩才，好似不善言辞一样。

自我品评

郑板桥的一句"难得糊涂"流传至今，成为众多人的座右铭。任何事情，若能拿得起放得下，那就堪称悟透了人生。有小聪明的人往往拿得起放不下，身疲力竭仍在拼命。难得糊涂，方是人生佳境。凡事较真的人，往往会输得比较惨。

王先生去表妹家做客，表妹未归，王先生就和表妹夫小朱先聊起来。一会儿，门开了，表妹气嘟嘟地走进门，脸上阴得很重。皮包往沙发上一摔，坐在那儿，闷不吭气。

"怎么了？"小朱轻声细气地靠近。

"怎么了？"表妹别过脸去，"问你自己！你今天真是让我丢够了脸，当着一大堆同事的面，我真想找个洞钻进去。"表妹气恼地说。

小朱一脸不解地问："我跟我们处长到你们工厂参观，怎么会丢你的脸呢？正因为我是处长面前的红人，他才会带我去，他怎么不带别人呢？而且，你要想想，处长不去别的厂参观，为什么专找你们工厂，还不是我介绍的？如果做成这笔生意，你们工厂，从上到下，应该感谢我，也就是感谢你才对，怎么反而说让你丢脸呢？"

表妹听了这话，小脸更加冷若冰霜，说："当然丢脸！你还没去，我就跟老板和同事说了，说你是同系的师兄、高材生，也是这方面的专家……可是你呢？你看你那个熊样。你跟在你们处长旁边，一副一问三不知的样子，明明你最懂的技术，根本可以由你介绍，你为什么不说话，还不断问你处长。他懂个屁！"

"他懂个屁？"小朱停一下，和王先生相视而笑，王先生走过去拍拍表妹的肩说："他也是学这个的，就算过时了，他总是处长啊！"

"他总是处长啊！"这句话道出了真谛。

这个以幕僚姿态站在长官身后，不显示自己的小朱，懂得了做人的三昧。

如果处长完全是外行，由内行代为解说，绝对是理所当然的事。但是，当自己的主管也是内行人的时候，抢在前面说话，不但是抢风头，而且表现了"我比你内行"的气势。

在这个时候，最聪明也最有效的办法就是装糊涂了，把功劳在不知不觉中让给上司，这样的糊涂才是真聪明。

"聪明"是个很值得玩味的词，它既有"脑子好"、"反应快"、"思维敏捷"的含义，也隐含着"不稳重"、"浮躁"、"爱表现"的意思。这个词用在成年人身上，常常不是褒义的。

俗话说：天妒聪明，其实人更是如此。老子说："大巧若拙，大辩若讷。"意思是最有智慧的人，真正有本事的人，虽然有才华学识，但平时像个呆子，不自作聪明；虽然能言善辩，但好像不会讲话一样。无论是初涉世事，还是位居高官，无论是做大事，还是一般人际交往，

第六章 大智若愚
——老子这样说智慧

锋芒不可毕露。有了才华固然很好，但在适当的时机运用才华而不被或少被人忌，避免功高盖主，才算有更高的才华，这种才华对国家对人对己才有真正的用处。

老子曾告诫孔子说："君子盛德，容貌若愚。"这里的盛德是指"卓越的才能"，整句话的意思是，那些才华横溢的人，外表上看与愚蠢笨拙的普通人毫无差别。无论是谦虚还是谨慎，都会让不少人觉得是消极被动的生活态度。实际上，倘若一个人能够谦虚诚恳地待人，便会赢得别人的好感；若能谨言慎行，更会赢得人们的尊重。

老子还告诫世人："不自见，故明；不自是，故彰；不自伐，故有功；不自矜，故长。"这句话的大意是，一个人不自我表现，反而显得与众不同；一个不自以为是的人，会超出众人；一个不自夸的人，会赢得成功；一个不自负的人，会不断进步。

智者需学会守愚。所谓的"守愚"，实际上就是培养自己超凡的智慧与美德。郑板桥"难得糊涂"的字幅四处可见，但真正悟透这句话的含义并不容易。

"大勇若怯，大智若愚"是苏轼的观点。他在《贺欧阳少师致任启》中说："力辞于未及之年，退托以不能而目，大勇若怯，大智若愚。"我们可以理解为对于那些不情愿去做的事，可以以智回避之。

本来有大勇，却装出怯懦的样子，本来很聪敏，硬装出很愚拙的样子，如此可以保全自己的人格，同时也可不做随波逐流之事。真正的大智大勇者未必要大肆张扬，徒有其表，而要看其实力。李贽也有类似的观点："盖众川合流，务欲以成其大；土石并砌，务以实其坚。是故大智若愚焉耳。"百川合流，而成其大；土石并砌，以实其坚，这才是大智若愚。

中国古代的道家和儒家都主张"大智若愚"，而且要"守愚"。孔子的弟子颜回会"守愚"，深得其师的喜爱。他表面上唯唯诺诺，迷迷糊糊，其实他在用心功，所以课后他总能把先生的教导清楚而有条理地讲出来，可见若愚并非真愚。大智若愚的人给人的印象又是：虚怀若谷，宽厚敦和，不露锋芒，甚至有点木讷。其实在"若愚"的背后，隐含的是真正的大智慧大聪明。

　　建功立业，成名成家，这是每个有抱负的人所梦寐以求的。但立了功，取得了成就，应该如何对待呢？晏子认为应该是"省行而不伐，不让而不夸"。要及时总结经验，不可骄傲自满，到处夸耀自己的功劳，沉溺于过去的成功之中。一个人的功劳只能代表过去，未来的一切都必须重新开始，因此，做人应该有自知之明，任何时候任何情况下都应摆正自己的位置，保持自谦上进的品格。须知，"一将功成万骨枯"，任何丰功伟绩都不是某一个人能建立的，而且功高会招小人嫉妒，自夸功劳必招他人怨恨，凶多吉少。不争功，不夸耀，像以往那样尽忠尽职，则会更令人钦佩。

　　守愚也有积极和消极两个方面，积极守愚是以退为进，是一种积极向上的处事方法，而消极守愚，明哲保身，不求有功，但求无过的人，是不会成就任何大事情的。

　　智和愚对人一生命运的影响极大。"聪明一世，糊涂一时"，是说聪明人有时也会办蠢事；"大智若愚"、"难得糊涂"，是说真正聪明的人往往表面上愚拙；而"聪明反被聪明误"则揭示了耍小聪明者的真愚本质。天赋聪明，肯定是一件好事，问题是如何运用和表现聪明。

第六章 大智若愚
——老子这样说智慧

大巧若拙的处世智慧

【原典】

不言之教，无为之益，天下希及之。

——《道德经·第四十三章》

【古句新解】

"不言"的教导，"无为"的益处，普天下少有能赶上它的了。

自我品评

智者为人，心平气和，宠辱不惊；智者处事，含而不露，隐而不显，看透而不说透，知根而不亮底。其实，他们用的是心功。

人的资质各种各样，有聪明人和糊涂人，而同是聪明人，又有大聪明和小聪明之分，同是糊涂人，则又有真糊涂和假糊涂之分。真正的大智大勇未必要大肆张扬，卖弄聪明，不是徒有其表而要看实力。具有大智慧的人，看起来反倒如同糊涂人，其实不是真糊涂而是假糊涂，这就是"大智若愚"。

魏晋时期的王湛，是一个很懂得隐藏自己的人。他平时不言不语，从不表现自己，别人有什么对不起他的地方，他也从不去计较，因此很多人都轻视他，认为他是个大傻瓜，连他的侄子王济也瞧不起他。

吃饭的时候，明明桌子上有许多好菜，可是王济一点都不客气，好鱼好肉都不让这位叔叔吃。王湛一点都不生气，叫王济给他点蔬菜吃，可王济又当着他的面把蔬菜也吃光了，要是平常人早就发怒了，可是王湛还是不言不语，脸上没有一点生气的表情。

有一天，王济偶然到叔叔的房间里，见到王湛的床头有一本《周易》，这是一本很古老又很晦涩的书，一般人是很难读懂的。在王济眼里，这位"傻"叔叔怎么可能读得懂这样一部书呢？肯定是放在那里做做样子。于是就问王湛："叔叔把这本书放在床头干什么呢？"王湛回答："闲暇无事的时候，坐在床头随便翻翻。"

王济心里非常疑惑，便故意请王湛给他说说书中的一些内容。王湛分析其中深奥的道理，居然深入浅出，非常中肯，讲得精炼而趣味横生，有些地方恐怕连当时最有名的学者都比不上。

王济从来没有听到过这样精妙的讲解，心中暗暗吃惊，于是留在叔叔的住处向他请教，接连好几天都不愿回去。经过接触和了解，他深深感觉到，自己的知识和学识跟这个"傻"叔叔相比，简直差了一大截。他惭愧地叹息道："我们家里有这样一位博学的人，可我这么多年来却一点都不知道，真是一个大过错啊。"几天后，他要回家了，王湛又非常客气地送他到大门口。

后来又发生几件事情，让王济对这位叔叔更加刮目相看。王济有一匹性子很烈的马，特别难驯服，就问王湛："叔叔爱好骑马吗？"王湛说："还有点爱好。"说着一下子就跨上这匹烈马，姿态悠闲轻巧，速度快慢自如，连最善骑马的人也无法超越他。王济又一次惊呆了。

王济对他平时骑的马特别喜爱，王湛又说："你这匹马虽然跑得快，但受不得累，干不得重活。最近我看到督邮有一匹马，是一匹能吃苦的好马，只是现在还小。"王济就将那匹马买来，精心喂养，想等它与自己骑的马一样大了，就进行比试，看叔叔说的是否正确。将要比试的时候，王湛又说："这匹马只有驮着重物才能体现出它的能力，而且在平地上走显不出优势来。"王济就让两匹马驮着重物在有土堆的

第六章 大智若愚
——老子这样说智慧

场地上比赛。跑着跑着，王济的马渐渐落后了，过了一会儿居然摔倒了，而从督邮那里买来的马还向刚开始时一样，走得稳稳当当。

通过这些事情，王济从内心深处佩服叔叔的学识和才能，知道他不仅学识渊博，在骑马、相马各方面都很精通，不知道还有多少知识隐藏了起来。回到家后，他对父亲说："我有这样一位好叔叔，各方面都比我强多了，可我以前一点也不知道，还经常轻视他、怠慢他，真是太不应该了。"

当时的皇帝武帝也认为王湛是个傻子，有一天，他见到王济，就又像往常一样跟他开玩笑，说："你家里的傻叔叔死了没有？"

要是在过去，王济会无话可答或者配合皇帝的玩笑。可这一次，王济却大声回答说："我叔叔其实根本就不傻！"接着，他就把王湛的才能学识一五一十讲出来，武帝半信半疑，后来经过考察，发现王湛确实是个人才，于是封他当了汝南内史。

像王湛这样，平时只管发展和提高自己，而不去追求表现和虚荣，是一种深层次的藏拙。是金子总会发光的，真正有智慧的人总会受人赏识，王湛善于隐忍，不追求虚名，才获得他人真心的敬佩。

有些人总爱自作聪明，生怕被人当做傻瓜，处处表现自己，处处争权夺势，其实常常是在上演一幕幕作茧自缚、引火烧身、自掘坟墓的悲剧。这些人可能会一招得逞，一时得势，但玩的终究是小聪明小把戏，是大愚若智。

大智若愚者藏才隐德，谦虚谨慎，以弱制胜，他们用表面的愚笨来保护自己，为自己赢得发展和提高的时间和环境，并能统观全局，站在比别人更高的角度上把握事态发展的脉络。因而他们常常是任重而道远的承担者，比常人更能抓住成功的机会。

大智若愚是智者的处世之道

【原典】

多言数穷，不如守中。

——《道德经·第五章》

【古句新解】

言论愈多，离道愈远，反招致败亡，倒不如守着虚静无为的道体呢。

自我品评

人生在世，不应对什么事都斤斤计较，该糊涂时就糊涂，该聪明时就聪明，小事糊涂，不要耍小聪明，关键时刻，才表现出大智大谋。

现实人生确实有许多事不能太认真、太较劲。特别是涉及到人际关系，错综复杂，盘根错节，太认真，不是扯着胳膊，就是动了筋骨，越搞越复杂，越搅越乱乎。顺其自然，装一次糊涂，不丧失原则和人格；或为了公众为了长远，哪怕暂时忍一忍，受点委屈，也值得，心中有数（树），就不是荒山。

春秋时，齐国有位智者叫隰斯弥。当时当权的大夫是田成子，颇有窃国之志。

一次，田成子邀他谈话时，两人一起登临高台浏览景色，东西北三面平野广阔，风光尽收眼底，唯南面却有一片隰斯弥家的树林蓊蓊郁郁，挡住了他们的视线。

隰斯弥在谈话结束后回到家里，立即叫家仆带上斧锯去砍树林。可是刚砍了几棵，他又叫仆人停手，赶快回家。家人望着他感到莫名其妙，问他为什么颠三倒四的？隰斯弥说："国之野唯我家一片树林突兀而列，从田成子的表情看，他是不会高兴的，所以我回家来急急忙忙地想要砍掉。可是后来一转念，当时田成子并没有说过任何表示不满的话，相反倒十分的笼络我。田成子是一个非常有心计的人，他正野心勃勃要窃取齐国自立，很怕有比他高明的人看穿他的心思。在这种情况下，我如果把树砍了，就表明我有著察微知的能力，那就会使他对我产生戒心。所以不砍树，表明不知道他的心思，就算有小罪也可避害；而砍了树，表明我能知人所不言，这个祸闯的可就太大啦！"

所以古人说：洞察以为明者，常因明而生暗。说的就是精于察人而产生的副作用，即"好丑心太明，则物不契，贤愚心太明，则人不亲，士君子须是内精明而外浑厚，使好丑而得其平，贤愚共受其益，才是生成的德。"这也可说是古人在辩证法上的"智慧"了。

第七章 以柔克刚
——老子这样说竞争

老子认为,做人不能"自居为大",而应该正确地看待自己,估量他人,谦虚做人。要想成功,就要学会示人以柔弱,在低调中修炼自己。要学会谦让不争,把握好自己的法度,方可游刃有余、进退自如,最终获得成功。

第七章 以柔克刚
——老子这样说竞争

鸡蛋碰石头的可能

【原典】

天下莫柔弱于水，而攻坚强者莫之能胜，以其无以易之。

——《道德经·第七十八章》

【古句新解】

天下没有一样东西能比水还柔弱，但任何能攻坚克强的东西却都不能胜过水的力量，世上再没有别的东西可以替代它，也再没有比它力量更强大的东西。

自我品评

老子说："天下莫柔弱于水，而攻坚强者莫之能胜，以其无以易之。"水的智慧是一种很高超的智慧，它没有一定的形态，但善于变化，最后能取得胜利。柔可以胜刚，弱可以胜强。

水是世界上最柔弱的东西，却能够摧毁世界上最坚强的东西。你看，那洪水泛滥时，什么东西能够抵挡住它呢？你看，屋檐下的点滴雨水，日复一日，就能把一块坚石滴穿。这不就是柔弱的力量吗？

一个女孩听见有人敲门，一开门时，发现一个持刀男子凶狠地站在门前。不好，遇到劫匪了！这一念头骤然跃入女孩的脑海，但她迅速地镇静下来。她微笑着说:"朋友,你真会开玩笑。你是来推销菜刀的吧?我喜欢,我要一把。"接着便让男子进屋,还热情地对男子说:"你很像我以前一个热心的邻居,见到你我真高兴,你喝饮料还是茶?"原来满脸凶气的男子竟有些拘谨起来,忙结巴着说:"谢谢,谢谢。"于是女孩买下了那把菜刀,男子拿了钱迟疑了一下便走了。在转身离去的一刹那,男子对女孩说:"你将改变我的一生……"

女孩的这种勇敢才是一种智勇双全的全新意义上的勇敢。有些自作聪明者,往往盲目自信,以为以刚克刚,无往而不胜。然而我们要知道做事不能简单粗暴,而应学会从大处着眼,以柔克刚。这好比一块巨石如果落在一堆棉花上,则会被棉花轻松地包在里面。以刚克刚,两败俱伤,以柔克刚,则马到成功。

有句俗语叫"四两拨千斤",讲的正是以柔克刚的道理。俗话说:"百人百心,百人百性。"有的人性格内向,有的人性格外向,有的人性情柔和,有的人则性情刚烈。各有特点,又各有利弊。

然而纵观历史,我们不难发现,往往刚烈之人容易被柔和之人征服利用。大凡刚烈之人,其情绪颇好激动,情绪激动则很容易使人丧失理智,仅凭一股冲动去做或不做某些事情,这便是刚烈人的特点。对待刚烈之人,如果以硬碰硬,势必会使双方共同失去理智,头脑发热,不计后果,最终各有损伤,事情也必然闹砸。倘若以柔和之姿去面对刚烈火爆之人,则会是另一番局面,恰似细雨之于烈火,烈火熊熊,细雨蒙蒙,虽说不能当即将火扑灭,却有效地控制住了火势,并一点点地将火灭去。

春秋末期,郑国宰相子产在治理国家方面采用的就是以柔克刚的方法。子产为政刚柔并济,以柔为上,柔以制刚。郑国是一个小国,国力甚弱,要想在大国林立的空间求得生存,增强国家的实力刻不容缓。子产提倡振兴农业,兴修农事,同时征收新税,以确保有足够的军费供应和给养。新税征收伊始,民众怨声四起,沸沸扬扬,甚至有人扬言要杀死子产,朝中也有不少大臣站出来表示反对。子产毫不理

第七章 以柔克刚
——老子这样说竞争

会,也不做过多的解释,而是耐心静待事态的发展。只说:"国家利益为重,必要时自然要牺牲个人利益,服从国家利益。我听说做事应当有始有终,不能虎头蛇尾。有善始而无善终,那样必然一事无成,所以,我必须将这件事做完。"于是新税照常征收,由于他采取了振兴农业的办法,农业发展很快,民众由怨到赞,众人宾服。

子产在各地遍设乡校,因乡校言论自由,有些对政治不满的人往往把乡校作为据点进行政治活动。有人担心长期下去会影响统治,建议取缔。子产却说:"这是没有必要的,百姓劳累一天,到乡校中发发牢骚,评论政治,实乃正常。我们可以作为参照,择善而从,鉴证得失。若强行压制,岂不如以土塞水,暂时或许会堵住水流,但必将招来更猛的洪水激流,冲决堤坝,那时,恐怕就无力回天了。若慢慢疏导,引水入渠,分流而治,岂不更好?"

唐代段秀实也懂得以柔克刚的做事之道。公元764年,唐朝廷刚刚平定安史之乱,仆固怀恩却在北方纠众反叛,屡屡攻城夺野。唐代宗只得令声望卓著的郭子仪为副元帅,率军平叛。郭子仪令其儿子郭晞以检校尚书的身份兼行营节度使,屯兵在邠州(今陕西彬县,又作豳州)。邠州地方的一些不法青年,纷纷在郭晞的账下挂名,然后以军人的名义大白天就在集市上横行不法,要是有人不满足其要求,即遭毒打,甚至殴打孕妇老小。分宁节度使白孝德因惧怕郭子仪的威名,对此提都不敢提一下。

白孝德的下属泾州刺史段秀实则感到事关唐朝安危和郭子仪的名节,毛遂自荐请求处理此事。白孝德立即下文,令他代理军队中的执事官都虞候。段秀实到任不久,郭晞军队中有17名士兵到集市上抢酒,刺杀了酿酒的工人,打坏了酒厂许多酿酒器皿。段秀实布置士卒把他们统统抓来,砍下他们的脑袋挂在长矛上,立于集市示众。郭晞军营所有军人为之骚动,全部披上了盔甲。段秀实却解下了身上的佩刀,选了一个年老且行动不便的人给他牵着马,径直来到郭晞军营门口。

披甲戴盔的人都出来了，段秀实笑着一边走一边说："杀一个老兵，何必还要披甲带武装，如临大敌？我顶着头颅前来，要由郭尚书亲自来取！"披甲士兵见一老一文一匹瘦马，惊愕不已。本以为要进行一场硬拼。眼见得如此文弱的对手，反而纷纷让路了。段秀实见到了郭晞，对他说："郭子仪副元帅的功劳充盈于天地之间，您作为他的儿子却放纵士兵大肆暴逆。如果因此而使唐朝边境发生动乱，这要归罪于谁呢？动乱的罪责无疑要牵连到郭副元帅。而今邠州的不法青年纷纷在你的军队中挂了名，借机胡作非为，残杀无辜。别人都说您郭尚书凭着副元帅的势力不管束自己的士兵，长此以往，那么郭家的功名还能保存多久呢？"

郭晞本来对段秀实自作主张捕杀他的士兵心存不快，对于士兵的激愤情绪听之任之，倒要看看段秀实有多大能耐。现在见段秀实完全不做防备地闯进军营，听段秀实一说，觉得段秀实完全是为保全郭家功名才这样做的。一改原来的强硬态度，反而觉得对弱小的段秀实必须加以保护，以免被手下人因愤而杀，赶紧对段秀实拜了又拜，说："多亏您的教导。"喝令手下人解除武装，不许伤害段秀实。段秀实为让郭晞下定决心管束军队、干脆一"软"到底，说："我还没有吃晚饭，肚子饿了，请为我备饭吧。"吃完饭后又说："我的旧病发作了，需要在您这里住一宿。"

这样，段秀实竟在只有一老头守护的情况下，睡在充满敌意的军营之中。郭晞表面答应了段秀实的要求，但又怕愤怒的军人杀了这个不做抵抗且又有恩于己的朝廷命官，心里十分紧张。于是一面申明严格军纪，一面告诉巡逻值夜的士卒严加防范，借打更之便切实保卫段秀实的安全。第二天，郭晞还同段秀实一起到白孝德处谢罪，邠州大军由此整治一新。"天下之至柔，驰骋天下之至刚。"段秀实在捕杀17名违法士兵之后，用温和得体的言行，驾驭了刚烈愤怒的郭晞及其手下军士，成功地达到了"以柔克刚"的目的。

现代商业活动中，亦常有意想不到的事发生。由于商业活动带有

第七章 以柔克刚
——老子这样说竞争

很强的人情色彩，如果处理不好的话，不仅会伤及对方的自尊，严重的甚至会直接影响到企业的声誉和成败。运用以柔克刚的策略就可以避免这个问题。

一天下午，一位外国人突然气势汹汹地闯进日本某饭店的经理室："你就是经理吗？方才我在大门口滑倒摔伤了腰。地板这么滑，连个防滑措施都没有，太危险了，马上领我到医务室去。"见此情景，经理很客气地说："这实在抱歉得很，腰部不要紧吧？马上就领您到医务室，请您稍坐一下。"外国人坐在椅子上，继续抱怨不停。饭店经理见对方已经稳定下来，便温和地说："请您换上这双鞋，我已和医务室联系好了，现在我就领您去。"早在外国人闯进来时，经理已经看清他的腰部没有多大问题。

所以当外国人离开经理室后，就把换下的鞋悄悄交给秘书说："这双鞋后跟已经磨薄了，在我们从医务室回来以前把它送到楼下修鞋处换上橡胶后跟。"检查结果，果如所料，未发现任何异常，他本人也完全冷静下来，随后一同回到经理室。经理说："没有什么异常，比什么都好，这就放心了。请喝杯咖啡吧！"外国人也感到自己方才太冒失了："地板太滑，太危险，我只是想让你们注意一下，别无他意。"经理说："很冒昧，我们擅自修理了您的鞋，据鞋匠说，是后跟磨薄以致打滑。"

外国人接过刚刚修好的鞋，看到正合适的橡胶鞋跟时，对鞋匠高超的技艺大为惊讶，便高兴地说道："经理，实在谢谢你的厚意，对您给予的关怀照顾我是不会忘记的。"于是，愉快地握手后，外国人再次向经理道谢。经理送他出门时说："请您将这个滑倒的事忘掉吧，欢迎您再来。"从此，只要这个外国人到日本，必定住进这个饭店并到经理室致意。

鲍尔温交通公司总裁福克兰，在年轻的时候因巧妙地用"以柔克刚"的计策处理了一项公司的业务而青云直上。他当时是一个机车工厂的普通职员，由于他的建议，公司买下了一块地皮，准备建造一座办公大楼。在这块土地上的 100 户居民，都得因此而迁移地方。但是居民中有一位爱尔兰的老妇人，却首先跳出来与机车工厂作对。在她的带领下，许多人都拒绝搬走，而且这些人抱成一团，决心与机车工厂一拼到底。福克兰对工厂领导说："如果我们建议通过法律途径来解决问题，既费时又费钱。我们更不能采用其他强硬的办法，以硬对硬，驱逐他们，这样我们将会增加更多仇人，即使建成大楼，我们也将不得安宁。这件事还是交给我来处理吧！"

这一天，他来到了老妇人家门前，看见她坐在石阶上。他便故意在这老妇人面前走来走去，心里好像盘算着什么。他自然引起了老妇人的注意。良久，她开口发问："年轻人，有什么烦恼吗？说出来，我一定能帮助你。"福克兰趁机走上前去，他没有直接回答她的问题，却说："您在这时无事可做，真是天大的浪费呀！我知道您有很强的领导能力，实在是应该抓紧时间干成一番大事业的。听说这里要建造新大楼，您是不是应该发挥您的超人才能，做一件连法官、总统都难以做成的事：劝您的邻居们，让他们找一个快乐的地方永久居住下去。这样，大家一定会记得您的好处的呀！"

从第二天开始，这个强硬顽固的爱尔兰老妇人便成了全费城最忙碌的妇人了。她到处寻觅房屋，指挥她的邻人搬走，并把一切办得稳稳妥妥。办公大楼很快便开始破土动工了。而工厂在住房搬迁过程中，不仅速度大大加快，而且所付的代价竟只有预算的一半。如此详实的例证足以说明，老子的以柔克刚之道在现实生活中大有用武之地！

在柔弱与刚强的对立中，修道之人宁愿居于柔弱的一端，正是因为"看来'柔弱'的东西，由于它的含藏内敛，往往较富韧性；看来'刚强'的东西，由于它的彰显外溢，往往暴露而不能持久"。所以，人应该追求的是内在的坚韧，而不是表面的刚强。

藏头掩尾收起锋芒

【原典】

鱼不可脱于渊，国之利器不可以示人。

——《道德经·第三十六章》

【古句新解】

鱼不可以离开深厚的水体而生存，国家的有效力的凭恃不可以轻易展示于人。

自我品评

无论是听来的，还是书上看来的，古时候越是身怀绝技之人，晚年越是崇尚隐岩谷、乐林泉，这是一种境界。君子藏器于身，待时而动。得意勿恣意奢侈，失意勿抑郁失措。

我们看武侠小说，从未有什么破不了的绝招，其结局往往是弄刀的刀下死，弄枪的枪下亡，溺死的多是会水的。古来大凡隐士高手，之所以蛰伏龟居、深藏不露，无不饱经风霜、深谙树大招风带来的祸患。所谓"水浅多小虾，潭深藏蛟龙。"名人并非都是高人，高人往往不名。因为他们深谙"天外有天，人外有人"的道理。

至于显山露水之举，还是多属不知天高地厚所致。现实中越是穷人，往往硬充富有，为的是怕人瞧不起。而身价百万千万甚至上亿的富翁出门，却往往好花小钱，怕的就是露富招惹事端。武林中的庸人与高人之间的"显"、"隐"，或许与此理相关。

其实，无论官大小、钱多少、水平高低，只要踏踏实实做人，规规矩矩处事，路再窄也会任君通行。反之，世界虽大，却难免处处碰壁，轻则栽跟头丢人现眼，重则毁了一生。

人在社会中，无时无刻不与社会发生着各种联系，其中最重要的便是顺应社会。所谓顺应社会，实际上就是如何调整自身在社会环境中的位置，再进一步讲，本质上还是指调节与周围人群间的关系。顺应社会便是要把握尺度，在周围的人群中为自己争得更高的地位和更多的利益而又不至于使别人对自己产生坏的印象。周围人群的关系处理不好难免会成为众矢之的，终会惨遭淘汰。

处理与周围人群的关系，说来容易，真正做起来，却是极难的。这不像做一道练习题，也不像去市场买菜。所谓百人百性，与不同的人交往须得用不同的方法来应对。这自然就给人际关系的处理带来许多想不到的意外之事。尤其是当代社会，商品经济大潮汹涌澎湃，虽然卷起洁白的浪花，却也带起了浑浊的泥沙。很难说，别人的想法是怎样的，现代人想法则更加封闭与隐秘。稍有不慎便很有可能陷入泥沼，失足难拔。特别是现在的年轻人，总是希望领导或周围的同事能在最短的时间内就知道自己是个不平凡的、很有才能的人，因而锋芒太露，其结果往往会适得其反。

有这样一个人，应聘到某公司任职不久，部门经理就对他说："老弟，我随时准备交班。"说心里话，当时他也是这么想的，因为经理是自学成才的，知识和修养存在先天不足，而他则是大学毕业，并在外资企业已有五年的工作经验，独立有主见，工作能力强。由于个性率直，在讨论一些工作问题时，他向来直来直去，为此常与上司发生争执。虽然经理有时对他也有一定的暗示，但他却不以为然。久而久之，经理便渐渐疏远了他，让他渐渐失去了施展才能的舞台。

第七章 以柔克刚
——老子这样说竞争

这个人犯了一个不小的错误,那就是锋芒太露,虽然他的能力确实超过他的上司,但他懂得如何处理与上级和同事的关系。

其实,如果仔细看看周围那些有人缘的人你就会发现,他们毫无棱角,言语如此,行动也一样。他们各自深藏不露,表面上看好像他们都是一些碌碌无为的庸才,其实他们的才能,往往不在你之下;他们好像个个都很讷言,其实其中颇有善辩者;他们好像个个都胸无大志,其实是颇有雄才大略而不愿久居人下者。但是他们却不肯在言谈举止上露锋芒,不肯做出众人物,其道理何在呢?

年轻气盛之人往往在语言表达上、行为举止上锋芒太露,树敌太多,与朋友之间不能水乳交融地相处,究其原因就是因为狂妄自大,不知天高地厚。

俗话说:枪打出头鸟。因为他们无所顾忌,锋芒太露,很容易得罪其他人,为自己前进的路上制造障碍物;锋芒太露,便易招惹旁人的妒忌,旁人妒忌也将成为你的阻力,成为你前进路上的破坏者。

示弱以待，至柔至坚

【原典】

天下之至柔，驰骋天下之至坚。无有入无间，吾是以知无为之有益。

——《道德经·第四十三章》

【古句新解】

天下最柔弱的东西，腾越穿行于最坚硬的东西中；无形的力量可以穿透没有间隙的东西。我因此认识到"无为"的益处。

自我品评

在现实生活中存在着这样一种自视颇高的人。他们锐气旺盛，处事不留余地，办事咄咄逼人。他们虽然也有充沛的精力，很高的热情，也有一定的才能，但这种人却往往在人生旅途上屡遭挫折。这其中的重要原因就是不懂得从一点一滴做起。

庄子说："直木先伐，甘井先竭。"修理房屋，一般所用的木材，多选择挺直的树木来砍伐；水井也是涌出甘甜井水者先干涸。有一些才华横溢、锋芒太露的人，虽然容易受到重用提拔，可是也容易遭人暗算。所以聪明的人都懂得如何来自我保护。

第七章 以柔克刚
——老子这样说竞争

在现实的生活中，处处会遇到纠纷和竞争。很多人认为若要在事业和竞争中取胜，必然不可以弱示人。但在特定情况下公开承认自己的短处，有意暴露某些方面的弱点，往往是一种有益的处世之道呢！示弱可以减少乃至消除不满或嫉妒，事业上的成功者，生活中的幸运儿，被人嫉妒是客观存在的。在一时还无法消除这种社会心理之前，用适当的示弱方式可以将其消极作用减少到最低限度。

上古时代，有一种很会鼓动翅膀的鸟，与别的鸟相比毫无出众之处。别的鸟飞，它也跟着飞。傍晚其他鸟归巢，它也跟着归巢。队伍前进时它从不争先，后退时它也从不落后。吃东西时不抢食、不脱队，因此，很少受到威胁。它所奉行的就是明哲保身术。这种生存方式显得有些保守，但是仔细想想，这样做也许是最可取的。凡事预先留条退路，不过分炫耀自己的才能，才不会犯大错。

蜥蜴是恐龙的同类，恐龙灭亡了，蜥蜴却存活下来。其中一个重要的原因是，恐龙体形过于庞大，不便保护自己。蜥蜴小巧灵活，虽然纤弱，却便于隐藏自己，从而得以生存。尺有所短，寸有所长，世上万物均有此共性。作为人，也不例外。生活中向人示弱，可以小忍而不乱大谋；工作中向人示弱，可以收敛触角并蓄势待发。强者示弱，可以展示你的博大胸襟；弱者示弱，可以让你变得愈发强大，在未强大之前，可以让你不致四面受敌、伤痕累累。

挺拔的树木容易被伐木者看中，甘甜的井水最容易被喝光。才华横溢、锋芒毕露的人最容易受到伤害。示弱是一种经营人生的策略，需要一定的智慧和技巧。在现实生活中，这种人生策略往往被许多人忽略。我们都喜欢逞强而不甘示弱。但冷静下来，不难发现，在高手如林的社会竞争中，我们常因为忽略了示弱，无形中拉长了抵达成功彼岸的直线距离。

不可太露锋芒

【原典】

不敢为天下先。

——《道德经·第六十九章》

【古句新解】

不敢做天下第一。

自我品评

"不敢为天下先"是老子的人生三宝之一。因为这句话，老子不知挨了多少骂。不敢为天下先，不是"得缩头时且缩头"的"乌龟哲学"，更不是反对时代进步、固步自封的"奴隶主贵族的没落哲学"，而是"大智若愚"的人生哲理。

当代著名历史学家张岂之教授正确地解释了这句话："不敢为天下先指不要事事认为我的看法比别人的看法要高明，不要认为一切我都看得很准。"人人都有优点，有的时候你的优点比较突出是好事，但切不可因此就认为"老子天下第一"，甚至"老子处处天下第一"，那就危险了。实际上，真正天下第一的人，往往会在自己最擅长的方面表现出谦虚。因为确信自己真的有实力，所以才不会为了别人的某一

第七章 以柔克刚
——老子这样说竞争

个看法某一句话而争得面红耳赤。相反,只有对自己缺乏信心的人,才会四处与人争强斗胜,通过一点点"阿Q"式的胜利来维护自己脆弱的自尊。

处处与人争先,就要处处吃亏,向所有的人挑战,就会被所有的人反对。你喜欢踢足球,但球技欠佳,就老老实实多传两脚球,甘当配角,非要自己一个人猛带,只能证明你的愚蠢,大家也就不愿意和你一块踢了。有些同学家庭经济情况和别人有差距,就不要与人比吃穿住行用,把别人逛街的时间用来踏踏实实学习,把成绩搞好了,自然能赢得别人的尊重。从另一方面来讲,在某些方面有了过人之处,自然会受到众人的关注,但在这些关注的目光中,既有敬佩也有嫉妒,更多的则是疑惑。

如果你表现出骄傲自大,自以为老子天下第一,看不起别人,就伤了别人的自尊,等于为各种谣言的传播提供机会;相反,如果你表现得谦虚谨慎,你的成就摆在那里,大家都看得见,不会因为你没有自我吹嘘就没人知道,将成就和谦虚的品德结合起来,将会让你产生巨大的魅力。

有一位工商界的老板,他从事电脑业。这位老板给自己的企业定位就另有一论——采取"第二战略"。因为他认为,当"第一"不容易,不论是产品的研究开发、行销,还是人员、设备等,都要比别人强,为了不被别的公司赶超,又得不断地扩充、投资;换句话说,做了"第一"以后要花很多的内力来维持"第一"的地位。因为提到某一行业,人人都会拿"第一"去作对手,并拼命赶超。这样未免太辛苦了,而且一不小心,不但第一当不成,甚至连想当第二都不可能了。

这位老板的想法并不科学合理,并不一定当"第一"就一定会很辛苦,当第二或第三就轻轻松松了。这只是他个人的一种观念而已。但结合现实细想一下,其中也不乏道理,我们不妨可以借鉴。当"第一"者确实要费很多的力气来保住自己的地位!大至一个企业,小至一个人,都可能有这个问题。

一个企业要想位居第一，其所冒的风险也应该是最大的。产品的研制开发、资金的投入、设备的引进、人员的录用、产品的销售与服务等等，都比别人要多要大要好。好不容易排到了"第一"，又一下子成了众人的"眼中钉"，都想超过你，甚至弄垮你！对于上班拿工资的人来讲也是如此，一位主管可以说是该部门的"第一"，为了保住这第一，他不但要好好带领手下，也要和自己的上司处好关系，以免位子不保；如果有功时，主管功劳第一，但有过时，主管当然也是首当其冲。

　　如果你有当第一的本事，也有当第一的兴趣和机会，那么就去当吧！如果你自认为能力有限，个性懒散，那么就算有机会，也不要去当第一，因为当得好则好，当不好一下子就变成了老三老四，这样不但对自己是个打击，而且在现实社会中更会招致这样的批评："某某人不行"、"某人下台了，听说很惨"……这些批评对你都是不利的。中国人一向扶旺不扶衰，当你从第一的位子上摔下来时，落井下石者有，打落水狗者也有，于是本来还可当第二的，却连当老三老四都有问题了。因此，现实生活中并非人人非得争当第一，位居第二的确也有好处，例如：

　　1. 可以静观"第一"者如何构筑、巩固、维持其地位，他的成功与失败，都可作为你的经验和警戒。

　　2. 可趁此机会培养自己的实力，以迎接当"第一"的机会。如果你想当"第一"的话，一旦你觉得自己具备了这方面的实力，就可以趁机攀升。

　　3. 由于你志不在"第一"，所以做事就不会过于急切，不会得失心太重，也不会勉强自己去做力所不及的事情，这样反而能保全自己，降低失败的几率。

　　不敢为天下先，学会尊重别人的长处，善于守拙，既不会影响你优势的发挥，还能赢得别人的尊重，何乐而不为？

第七章 以柔克刚
——老子这样说竞争

要学会韬光养晦

【原典】

挫其锐，解其纷，和其光，同其尘。

——《道德经·第五十六章》

【古句新解】

挫掉其锋芒，消解其纷乱，调和其光辉，混同于尘垢。

自我品评

据《史记》中记载，孔子曾经拜访过老子，向他请教礼。老子告诫孔子说："一个聪明而富于洞察力的人身上经常隐藏着危险，那是因为他喜欢批评别人。雄辩而学识渊博的人也会遭遇相同的命运，那是因为他暴露了别人的缺点。因此，一个人还是节制为好，不可处处占上风，而应采取谨慎的态度。"

此外，据《庄子》的记载，当杨子去请教老子时，老子也谆谆告诫他不要太盛气凌人，而是要谨言慎行。

唐代杜审言是杜甫的祖父，唐中宗时他做修文馆学士，为人恃才自傲，曾对人说："我的文章那么好，应该让屈原、宋玉来做我的衙役，我的字足以让王羲之北面朝拜。"杜审言此语有些太自不量力，所以惹来后世人们的嘲笑。这样骄傲自夸只能是显示了他的见识短浅,并没有人认为他的才华真的有那么高,骄矜的结果只能是贻笑大方。

历史上和现实生活中的这种例子比比皆是。做人应该有锐气,但锐气不代表锋芒。锐气可以展现自我的内心,但锋芒却给别人压力。要想在事业上一展才华,可以用一点"心机"巧妙展露,要记住时机没有成熟之前,千万别锋芒太露。孔子说:"人不知而不愠,不亦君子乎!"可见人不知我,心里老大不高兴,这是人之常情。

尤其是年轻人,总是希望在最短时期内使人家知道自己是个不平凡的人。想让全世界的人都知道,当然不可能,使全国人都知道,还是不可能,使一个地方的人都知道,也仍然不可能,那么至少要使一个团体的人都知道吧!要使人知道自己,当然先要引起大家的注意,要引起大家的注意,只有从言语行动方面着手,于是便容易露出锋芒。

锋芒是刺激大家的最有效方法,但若细看周围的人们,那些有经验的却完全相反。他们都像老子说的那样"和光同尘",毫无棱角,言语如此,行动亦然,个个深藏不露,好像他们都是庸才,其实他们的才能远在新人之上,好像个个都胸无大志,其实颇有雄才大略而愿久居人下者,但是他们却不肯在言语上,在行动上露锋芒,这是什么道理?因为他们有所顾忌,一露锋芒,便要得罪旁人,被得罪了的人便成为他的阻力,成为他的破坏者。四周都是阻力或破坏者,哪里还能实现扬名立身的目的?作为一个人,尤其是作为一个有才华的人能做到不露锋芒的话,既能有效地保护自我,又能充分发挥自己的才华,不仅要战胜盲目骄傲自大的病态心理,凡事不要太张狂太咄咄逼人,更要养成谦让于人的美德。

所谓"花要半开,酒要半醉",凡是鲜花盛开娇艳的时候,不是立即被人采摘而去,也是衰败的开始。人生也是这样,当你志得意满时,切不可趾高气扬、目空一切、不可一世。无论你有怎样出众的才智,都一定要谨记:不要把自己看得太了不起,不要把自己看得太重要,不要把自己看成是救国济民的圣人君子,要学会收敛起你的锋芒,夹

第七章 以柔克刚
——老子这样说竞争

起尾巴。

  某先生在年轻时代以兼有三种特长而自负，笔头写得过人、舌头说得过人、拳头打得过人。在学校读书时，已是一员狠将，不怕同学，不怕师长，以为谁都比不上他。初入社会，还是这样的骄傲自负，结果得罪了许多人，不过他觉悟很快，一经好友提醒，便连忙负荆请罪，倒是消除了不少的嫌怨。但是无心之过仍然难免，终究还是遭受了挫折。俗语说久病成良医，他在受足了痛苦的教训后，才知道做人锋芒太露，就是自己为自己的前途安排荆棘，自己把自己的成功路堵死。

  锋芒对于一个人，只有害处，不会有益处，额上生角，必触伤别人，自己不把角磨平，别人必将用力折你的角，角一旦被折，其伤害之多，自不言待。

避开与强者的正面相争

【原典】

揣而锐之,不可长保。

——《道德经·第九章》

【古句新解】

锤锻得尖锐锋利,不能长久保全。

自我品评

老子认为逞强的人没有好下场,主张"守弱"以全身。在强者面前示弱是寻求自我保全的大学问。但古今中外都有很多人不得此中精义,喜欢与强者争锋,到头来只能是自讨苦吃。

聪明是一笔财富,关键在于怎么使用。真正聪明的、有智慧的人会使用自己的聪明和智慧,他们深藏不露,不到火候时不会轻易使用,貌似平常,让他人不眼红。一味地耍小聪明,不管必要或不必要,不管合适不合适,时时处处显露精明,不仅无益于成功,还往往招来祸患。

"小聪明,大糊涂"更是万万要不得的,而韩非恰恰是犯了这个错误才做了冤死鬼。战国末期的著名政治家李斯是秦王谋划国事的重臣,

第七章 以柔克刚
——老子这样说竞争

他建议对现存的其他六国采取个个击破的方针，深得秦王赞同。他分析了各国形势，认为韩国最弱，且为秦之近邻，应以此为突破口，"先取韩以恐他国"。秦王赞同李斯的主张，并让他具体谋划灭韩之策。

正当李斯踌躇满志的时候，半路却杀出个程咬金。这个人就是韩非。韩非为韩国贵族，早年曾与李斯同就学于荀子。但两人选择的道路却截然不同：李斯择地而处；韩非却眷恋故国，情系家园，学成归国，渴望力挽狂澜，扶社稷于即倾，振兴韩国。韩非一向学习勤奋，研究法家之学深得要领，能吸取法家的法、术、势三派之长兼收并蓄，融为一体，取长而用。并以此理论为基础，制定了一系列政治政策，如加强君主集权，削弱私门势力，选拔"法术之士"，以法为教，厉行赏罚，奖励耕织，谋求国家富强等等。

他屡屡进谏韩王，但昏聩无能的韩王却根本听不进去，一心只在享乐上。韩非平素不受韩王重用，当韩王得知秦国打算先亡韩的消息后，才想到韩非，于是急忙派他出使秦国，说服秦王，以图存韩。韩非愿为韩王的使者，但以后的事实却使情况发生了陡转急下的变化。

公元前234年，韩非到了秦国，他看见秦国国富民安，一派万象更新、蒸蒸日上的景象，知道这是个英明国君统治下的国度，在秦国英雄可以一展宏图，韩非不禁为之振奋。秦王读过韩非的《内储》、《外储》、《五蠹》等文章，很是敬重和爱惜韩非，于是就把他留在秦国，想日后重用他。但一山难容二虎，李斯与韩非就此结下矛盾。韩非并非等闲之辈，一旦得到秦王重用，李斯地位则岌岌可危。韩非当年就学时，才学在李斯之上，因为口吃，不擅言辩，更促使他致力于著说撰文，日久则文笔日益锋利洗练，远非李斯可比。

韩非曾注解过《老子》，但老子的智慧他半点也没学到。韩非恃才自傲，不能审时度势臣服于李斯，这就使得李斯怕他受秦王重用夺走自己受宠的地位，也怕他破坏自己"先取韩以恐他国"的战略计划，于是下决心要除掉韩非。李斯为除掉韩非，不择手段。他以先伐赵而缓伐韩等为借口，在秦王面前屡屡诽谤谗陷韩非。日子久了，秦王渐渐对韩非心生疑窦。李斯见火候已到，不失时机地怂恿秦王道："韩非身系韩国公子，终究是心向韩国，必不肯为秦国效力，这是人之常情。日后若放他归国，定然贻害不浅；不如寻他个过错，依法诛杀了事。"

秦王既已对韩非产生疑心，便同意了李斯不放虎归山之议，将韩非拘捕入狱。李斯怕秦王日久会明了真相，重新起用韩非，就急忙派人送毒药给韩非，催促他马上自杀。韩非一入狱，就多方设法上书秦王，申辩其冤情。但李斯对此早有防备，预先已将牢狱各关节都堵住，使韩非哭诉无门，只得被迫饮毒酒自杀。除掉韩非，李斯一方面除掉了一个心腹大患，巩固了自己的地位，另一方面又得以借韩非智慧，为我所用，可谓一石二鸟。

同行是冤家，竞争对手的强弱，将直接关系到自己的命运。可惜当时韩非并不知晓这其中的奥妙。李斯在秦国位高权重，又深得秦王信赖。韩非不识时务，只知进，不知退，面对强手显然缺乏做事的功夫。

唐顺宗在做太子时，好作壮语，慨然以天下为己任。在中国古代太子有能力，服人心，自然也是顺利当上皇帝的一个条件。但如果太子才能胜过父皇，又往往有逼父退位的嫌疑，所以又常会遭到父皇的猜忌而被废黜。聪明的太子因此必须不能表现出太强的才干，造成太响的名气。唐顺宗做太子时，曾对僚属说："我要竭尽全力，向父皇进言革除弊政的计划！"

他的幕僚于是告诫他："作为太子，首先要尽孝道，多向父皇请安，问起居饮食冷暖之事，不宜多言国事，况且改革一事又属当前的敏感问题，如若过分热心，别人会以为你邀名邀利，收买人心。如果陛下因此而疑忌于你，你将何以自明？"太子听了猛然醒悟。唐德宗晚年荒淫而又专制，太子始终不声不响，直至熬到继位，才开始进行唐后期著名的顺宗改革。

同为太子隋炀帝之子杨暕就没那么好的涵养了，一次父子同猎，

第七章 以柔克刚
——老子这样说竞争

炀帝一无所获而太子满载而归，炀帝本来就感到太子对自己不够尊重，这一次被儿子比得抬不起头来，于是寻了个罪名把杨暕的太子名号给废了。顺宗明时度势终登皇帝之位，而杨暕却争强好胜，功高盖主，终被废黜，可见是否懂得"守弱"，不与强者争锋事关一人的前途命运。

《三国演义》中有一段"曹操煮酒论英雄"的故事。当时刘备落难投靠曹操，曹操很真诚地接待了刘备。刘备住在许都，以衣带诏签名后，为防曹操谋害，就在后园种菜，亲自浇灌，以此迷惑曹操，放松对自己的警惕。一日，曹操约刘备入府饮酒，谈起谁为当世之英雄。刘备点遍袁术、袁绍、刘表、孙策、刘璋、张绣、张鲁、韩遂，均被曹操一一否认。曹操指出英雄的标准——"胸怀大志，腹有良谋，有包藏宇宙之机，吞吐天地之志"。刘备问"谁人当之？"曹操说，只有刘备与他才是。刘备本以韬晦之计栖身许都，被曹操点破是英雄后，竟吓得把匙箸也丢落在地下，恰好当时大雨将到，雷声大作。刘备从容俯拾匙箸，并说"一震之威，乃至于此"。巧妙地将自己的惊恐掩饰过去，从而也避免了一场劫难。

刘备在煮酒论英雄的对答中是非常聪明的。刘备藏而不露，人前不夸张、显耀、吹牛、自大，装聋作哑不把自己算进"英雄"之列，这办法是很让人放心的。他的种菜、他的历数英雄，在表面上收敛了自己的行为。他对老子的守弱哲学是心领神会的。

做事切忌只知伸不知屈；只知进不知退；只知耍小聪明，没有大智慧；只知自我显示，不知韬光养晦。

第八章 委曲求全

——老子这样说忍让

"天下莫柔弱于水",老子告诉我们:做人就应该像水一样,善于随着著周围环境的改变而改变,不断调整自己、改变自己,能屈能伸,使自己更好地适应周围的大环境。然而,委曲求全不是卑躬屈膝,而是学会低头和转弯,在强势面前暂避锋芒,伺机而动。

第八章 委曲求全
——老子这样说忍让

坚持精神是成功的支柱

【原典】

强行者有志也。

——《道德经·第三十三章》

【古句新解】

坚持努力的才是有志。

自我品评

老子认为，人需要坚持精神，坚持精神是一种即使面临失败、挫折仍然继续努力的能力，也是一种挑战自我的精神。我们常常能够观察到，正确对待逆境的人能从失败中恢复并继续坚持前进，而当遇到逆境时不能正确对待的人则常常会轻易放弃。

德国天文学家开普勒，是个只在母腹中呆了七个月的早产儿。他一降生，就连遭不幸：天花使他成了麻子，猩红热又弄坏了他的眼睛。父母对这个多灾多难的小生命，没有爱和温暖，不愿负责任。陪伴着他度过一生的，除了宇宙和星辰，剩下的就是贫困和疾病。早在孩提时代，开普勒的求知欲和上进心就极为旺盛，他的学习成绩一直在同学中遥遥领先。正当瘦弱多病的开普勒尽情地遨游在知识海洋的时候，不幸的事情又降临到他的头上：父亲因为负债，不能继续供他读书。

失学之后，他只得到自家经营的小客栈里提酒桶、打杂。但是，他始终没有放弃学习。成家之后，开普勒更加发奋地从事他在天文学方面的研究。他把自己写的书寄给远在布拉格的天文学家第谷·布拉赫。布拉赫对他很重视，回信表示欢迎他去布拉格。去布拉格的路程是遥远的，妻子担心开普勒的身体受不了，劝他放弃此行，他坚毅果断地说："无论怎样我们一定要去！"

途中，开普勒病倒了。在一家乡村小客栈里，他们住了几个星期。带的一点点路费早就花完了，病人要买药，妻儿要吃饭，而周围又没有一个亲人，他感到了彻底的绝望。绝望中，开普勒只好向第谷·布拉赫求救。多亏这位同行慷慨相助，雪中送炭，这才使他一家活着熬到了布拉格。在布拉格，开普勒竭力研究火星，想得到它的秘密。这个时期，是他一生中最快乐的日子。可惜好景不长，他的良师益友布拉赫不久就溘然长逝。这不仅使开普勒在事业上受到严重损失，而且一家人的生活也因此又重新陷入困境。

有人说："开普勒的一生，大半是孤独地奋斗……布拉赫的后面有国王，伽利略的后面有公爵，牛顿的后面有政府，但是开普勒的后面只有疾病和贫困。"然而，没有任何阻碍能挡住开普勒。他倒了，又站起来。他失败了、失败了、失败了，但是他把这些失败收拾起来，建成一个高塔，终于抓住了天体运动的三大定律。

生活中有许多人做事最初都能保持旺盛的斗志，在这个阶段普通人与杰出的人是没有多少差别的。然而往往到最后那一刻，顽强者与懈怠者便各自显现出来了，前者咬牙坚持到胜利，后者则丧失信心放弃了努力，于是便得到了不同的结局。要说成功有什么秘诀的话，那就是坚持、坚持、再坚持！

有一位推销员，为一家公司推销日常用品。一天，他走进一家小商店里，看到店主正忙着扫地，他便热情地伸出手，向店主介绍和展

第八章 委曲求全
——老子这样说忍让

示公司的产品,但是对方却毫无反应,很冷漠地对待他。这位推销员一点也不气馁,他又主动打开所有的样本向店主推销。他认为,凭自己的努力和推销技巧一定会说服店主购买他的产品。但是,出乎意料的是,那个店主却暴跳如雷起来,用扫帚把他赶出店门,并扬言:"如果再见你来,就打断你的腿。"

面对这种情形,推销员并没有愤怒和感情用事,他决心查出这个人如此恨他的原因。于是,他多方打听才明白了事情的真相,原来,在他以前另一位推销员推销的产品卖不出去,造成产品积压,占用了许多资金。店主正发愁如何处置呢。了解了这些情况后,这个推销员就打通了各种渠道,重新做了安排,使一位大客户以成本价格买下店主的存货。不用说,他受到了店主的热烈欢迎。这个推销员面对被扫地出门的处境,依然充分发挥自己的坚持精神,同时不断寻找突破逆境的途径,这是非常可贵的。

爱哈德曾经是一家广告公司的职员,他刚到报社当广告业务员时,对自己充满了信心。他甚至向经理提出不要薪水,只按广告费抽取佣金,经理答应了他的请求。开始工作后,他列出一份名单,准备去拜访一些特别而重要的客户,报社其他业务员都认为想要争取这些客户简直是天方夜谭。在拜访这些客户前,爱哈德把自己关在屋里,站在镜子前,把名单上的客户念了10遍,然后对自己说:"在本月之前,你们将向我购买广告版面。"之后,他怀着坚定的信心去拜访客户。

第一天,他以自己的努力和智慧与20个"不可能的"客户中的3个谈成了交易;在第一个月的其余几天,他又成交了两笔交易;到第一个月的月底,20个客户只有一个还不买他的广告版面。尽管取得了令人意想不到的成绩,但爱哈德依然锲而不舍,坚持要把最后一个客户也争取过来。第二个月,爱哈德没有去发掘新客户,每天早晨,那个拒绝买他广告版面的客户的商店一开门,他就进去劝说这个商人做广告。而每天早晨,这位商人都回答说:"不!"每一次爱哈德都假装没听到,然后继续前去拜访。到那个月的最后一天,对爱哈德已经连着说了 30 天"不"的商人口气缓和了些："你已经浪费了一个月的时间来请求我买你的广告版面了，我现在想知道的是，你为何要坚持这样做。"

爱哈德说："我并没浪费时间，我在上学，而你就是我的老师，我一直在训练自己在逆境中的坚持精神。"那位商人点点头，接着爱哈德的话说："我也要向你承认，我也等于在上学，而你就是我的老师。你已经教会了我坚持到底这一课，对我来说，这比金钱更有价值，为了向你表示我的感激，我要买你的一个广告版面，当作我付给你的学费。"爱哈德完全凭着自己在挫折中的坚持精神达到了目标。

在生活和事业中，我们往往因为缺少坚持的精神而和成功失之交臂。将成功者和失败者进行比较，他们的年龄、能力、社会背景、国籍等种种方面都很可能相同，但是有一个例外，那就是对遭遇挫折的反应不同。有的人跌倒时，往往无法爬起来，他们甚至会跪在地上，以免再次遭受打击；而有的人反应则完全不同，他们被打倒时，会立即反弹起来，并充分吸取失败的经验，继续往前冲刺。

伟大的发明家托马斯·爱迪生，对于人生中的挫折抱着罕见的不放弃精神，使他创造了非凡的成就。在电灯发明的过程中，其他人因为失败而感到心灰意冷时，他却将每一次失败视为又一个不可行方法的排除，而确信自己向成功又迈进一步。生命旅程中永远存在着障碍，不会因为你的忽视而消失，当你因为某件事而受到挫折时，不妨想想爱迪生在给整个世界带来光明前，那一万次的失败。爱迪生的坚韧不拔在于他知道有价值的事物是不会轻易取得的，如果真的那么简单，那么人人皆可做到。正是因为他能坚持到一般人认为早该放弃的时候，才会发明出许多当时的科学家想都不敢想的东西。

英国首相丘吉尔不仅是一名杰出的政治家，更是一个著名的演讲家，他十分推崇面对逆境坚持不懈的精神。他生命中的最后一次演讲是在一所大学的结业典礼上，演讲的全过程大概持续了 20 分钟，但是在那 20 分钟内，他只讲了两句话，而且都是相同的：坚持到底，永不放弃！坚持到底，永不放弃！这场演讲是成功学演讲史上的经典之作。丘吉尔用他一生的成功经验告诉人们：成功根本没有什么秘诀可言，如果真是有的话，就是两个：第一个就是坚持到底，永不放弃；第二个就是当你想放弃的时候，回过头来看看第一个秘诀：坚持到底，永不放弃。

敏锐的观察力、果断的行动力和坚持的毅志力是成功的必备要素。你可能有敏锐的目光去发现机遇，同时也能用果断的行动去抓住机遇，但是最后还需要用你坚持的毅力才能把机遇变成真正的成功。缺乏恒心是大多数人最后失败的根源，一切领域中的重大成就无不与坚韧的品质有关。

正如泰戈尔所讲："顺境也好，逆境也好，人生就是一场面对种种困难无尽无休的斗争，一场我寡敌多的战斗。只有笑到最后的，才是真正的胜利者。"

成功更多依赖的是一个人在逆境中的恒心与忍耐力，而不是天赋与才华。只要保持坚定的信念，顽强拼搏，而不在乎世俗的观点和嘲笑，就一定能成功。只要有信心和毅力，就没有战胜不了的困难，当你回过头来再看走过的路时，你会惊异自己的敢作敢为为自己带来了多么大的成就。

把困境转化为顺境

【原典】

祸兮，福之所倚。

——《道德经·第五十八章》

【古句新解】

灾祸中潜存着幸运。

自我品评

　　老子认为事物都是向它的对立面转化的，所以他说"祸兮福之所倚"，意思是灾祸中有幸运，困境中孕育着顺境。我们所要做的就是通过自己的智慧和努力把困境转化为顺境。

　　现在大学生就业中普遍存在着一种倾向：认为只有在大城市里找到工作，人生才会一帆风顺。如果被分回偏僻的乡村小镇，就认为被命运抛弃，人生就陷入了难以摆脱的困境。其实命运不会抛弃任何人，而是人们在抛弃命运；困境不会限制人，而是人们自限于困境；时运不会拘束人，而是人们自拘于时运。

　　有优越条件可利用的人，无需去操劳就能得到一个好的位置。一般说来，这样的人有个安乐窝，不愿冒险求发展，因而也不会有大的成就。只有那些在条件差的地方且不甘于平庸的人，上进心强，奋斗不已，进展很快。敢于进取的人，不受环境地域的限制，不管到什么地方，都能为自己定下位置，立定坐标，天天发奋向上，年年不断迁升，稳扎稳打，一步一个台阶，困境实际上就成为顺境。客观地讲，从事业发展的角度来看，不发达的地域给自己的机会反而多些。这些地区的经济及各项事业有待于起飞，急需人才，所以那些有志气、有专长、能吃苦的人，如果下决心到这样艰苦的地区开拓事业，同样可以找到机会，同样能够大有作为。

有一位法律学校的毕业生，家在一个小县城里。毕业时，很多同学利用关系千方百计想留到大城市里，他没有任何关系只好回到当地县城。他当时很沮丧，后来才意识到，回到偏僻地方也许是一次难得的机遇。因为当一个好律师，必须有很多实践机会。他发现整个县城没有一个正式律师，他是唯一一个受过正规训练的人，成了宝贝，领导十分器重他，把很多案子交给他来办。由于他潜心学习，肯动脑子，办了好多大案子、棘手案子，很有成就，很快崭露头角，成了顶梁柱。

后来，有一个考取正式律师的名额，自然非他莫属，他刚22岁就成了一名正式律师，并当上了律师事务所所长。相反，与他同期毕业留在大城市的同学，由于省城人才济济，实习的机会少，几年之后有的还没有单独办过案子，还是见习律师，有的还在当文书，做助手。彼此见面的时候，同学们反而用羡慕的目光看他，说他是幸运、机遇好。其实，应该说这是落后艰苦地区给了他磨炼提高的好机会，使他很快成才。对青年人来说，择业时想到大机关工作，以为条件好，有发展前途，这是可以理解的。但是，从长远看，那些有真才实学的人恰恰需要到基层、到艰苦的地方去，因为在那里可以得到很多在大城市难以得到的锻炼机会。

有一位医学院毕业生，在他人拼命往大医院挤的时候，他却把目光投向小医院。他到小医院后，很快表现出自己的才华，成了主力。在那里积累了丰富的临床经验，在领导支持下他做了不少有价值的实验，写出了很有见解的论文，在全国学术刊物上发表。很快他就成了颇有造诣的名医，在评定高级职称时，被破格晋升，成为最年轻的高职人员。他的出色表现引起上级单位重视，不久就被调到了省城大医院工作，一到单位就担任科主任职务。而他的同学大都还是中职，工作平平，只能给他当下手。

他们的经历从一个侧面说明，在青年时代还是多选择一些有实践机会的艰苦地区去发展，条件差、生活艰苦，表面上好像陷入了人生困境。但是，在这种地区有大量的机会存在，同时会带给你更多的磨练，让你对现实社会生活有了正确认识，也就容易成熟，自然也就会在事业上做出相应的成绩。

人在一生中难免陷入困境，而在遭受某些挫折打击的时候，是会格外消沉的。在那一段时间里，你会觉得自己像个拳击场上的失败者，被命运重重地一拳打倒在地上，头昏眼花，甚至会觉得自己简直爬不起来了。但是，只要我们心中还有希望，还有生活的勇气，还有梦想，我们就会爬起来，走出困境。困境使我们长知识，困境考验了我们的意志，增加了我们的胆量。我们会淡忘别人的嘲笑，忘掉那失败的耻辱，会为自己找一条合适的路。困境并不可怕，可怕的是丧失了锐意进取、执著向前的动力。失败尚且能够转化为成功，困境为什么不能转化为顺境？

在陷入困境时，我们往往会放弃努力，不再坚持尝试，而且我们不再努力的理由通常是不充足的。比如说："这是不可能的。"或者说："我无法改变自己。"其实，我们是能够改变的。只要能够发现机遇，抓住机遇，我们就会走出困境。纵观古今中外凡是成大事者，之所以能够获得命运的青睐，是因为他们能牢牢抓住机遇。"机遇只偏爱有准备的头脑。"这是一句早为人们耳熟能详的名言，其中所包含着的朴素真理曾被无数人无数次所证实。

我们发现成大事的人之所以能够获得命运的青睐，能在机遇来临之时牢牢地抓住机遇，就是因为他们较之常人为此进行了更为漫长和充分的准备。他们就像一颗颗种子，在黑暗的泥土中蓄积营养和能量，一旦听到春风的呼唤，他们就会破土而出，长成挺拔俊秀的栋梁之材。这就很好地解释了这样一些问题，即：为什么有的人总能得到比别人更多的机遇？为什么面对同样的机遇有人成功了有人却失败了？为什么有些资质原本平平的人却能得到命运的垂青，而某些天资甚佳者却最终庸碌无为？为什么成功者总显得比别人幸运？等等。这些问题的回答可归结为一句话，那就是：机遇只偏爱那些为了事业的成功做了最充分准备的人。换句话说，只有在"万事兼备"的情况下，东风才显得珍贵和富有价值。

从某种意义上讲，机遇是被人创造出来的，是人的主观能动性和外界环境变化的客观必然性的结合。主观方面条件的增强会影响到客观环境的变化，使好的机遇更容易产生。同样，当一定的客观机遇已经出现后，那些不断在提高自身素质方面进行努力的人则要较之常人更容易接近和抓住这些机遇。许多成大事者就是创造机遇的高手，他们总是在努力，总是在奋斗，开始时他们是在找寻机遇，而一旦当他们自身的实力积累到一定的程度时，机遇便会自动登门拜访。而且，随着他们自身才能的不断提高，知名度的不断增加，其所面临的发展机遇也会相应地有质和量的提高。

可以说，没有他们的这些主观努力，就不会有这么多的良好机遇。从这个角度上说，机遇是那些有准备的人创造出来的，是对其努力的一种肯定和回报。如果机遇可被每个人轻而易举地得到，那么这种机遇便显得没有多少价值了。事实上，机遇往往是一种稀缺的、条件苛刻的社会资源，要得到它，必须要付出相当的代价和成本，必须具备相应的、足以胜任的资格，而这一切都离不开长期艰苦的准备。这就是机遇为什么更偏爱有准备的人的原因。但有时命运是爱捉弄人的，由于客观原因的限制，并不是每个人都能从事自己心爱的职业。

当面临这种情况时，有人将之视为不幸，而有人却将之视为机遇，他们能重新调整自己的人生目标，不怨天尤人，也不消沉沮丧，而是以"既来之,则安之"的心态,干一行,爱一行,把精力投入到所从事的新领域,从而开创出一番崭新的事业。我们发现,"把不幸也当作是一种机遇"这种积极的人生态度是成功者的一大秘诀。

一帆风顺固然值得羡慕,但那天赐的幸运不可多得,可遇不可求。唯一稳当可靠的是自己的智慧和奋斗。无论你走了多少弯路,陷入怎样艰难的困境,只要你不忘记自己的方向,你就有实现自己目标的那一天。

善始善终才能成大事

【原典】

民之从事，常于几成而败之。慎终若始，则无败事。

——《道德经·第六十四章》

【古句新解】

人们做事情，总是在快要成功时失败，所以当事情快要完成的时候，也要像开始时那样慎重，就没有不成功的。

自我品评

老子依据他对人生的体验，指出许多人做事不能持之以恒，总是在快要成功的时候失败了。他认为出现这种情况的主要原因在于事情将成之时，人们不够谨慎，开始懈怠，没有保持事情初始时的那种热情，缺乏韧性，要是能够做到在最后关头也像一开始的时候那样谨慎小心，就不会失败了。无数的成功者证实了老子这一名言。

世界上多数成功者，其智力与我们并没有多大区别，他们成功的秘诀就是具有超越凡人的非智力因素：强烈的事业心，吃苦耐劳的干劲，尤其是持之以恒的毅力和善始善终的精神。追求的目标越远大，所要付出的劳动就越多，所要花费的时间也越长，而且，有些工作越到后期难度就越大。开始时完成的多是些外围或简单的工作，到接近尾声时剩下的都是些硬骨头，这时就更需要耐力和毅力。

绝大多数取得卓越成就的人都是目标明确，善始善终的人。工作中能够时刻做到善始善终，避免有始无终绝非易事。因为有始无终具有较强的隐蔽性。当做一件事开始觉得进展顺利时，就会给人一种轻松的感觉，心中就会下意识地认为已经完成，这往往会促使你转手处理其他事情，还会庆幸自己办事效率很高。但是，当一段时间过后，回头一看，就会发现那些问题根本没有解决，还摆在那里，甚至会有各种新旧的问题交替，使事情更加复杂，解决起来更加棘手。这样"始"和"终"隐蔽起来，分不清彼此你我，而这种情况的发生，当事人常常是当局者迷，这也正是一个很不容易让人克服的问题。

如果一个人的工作长期处于有始无终的状态当中，那他一开始时的积极进取的心态一定会受到破坏，自我价值也不会得到实现，当然也就不会成功了。更重要的是，如果让其一味"蔓延"，就会使其他许多事情进展缓慢，影响人生长远目标的实现。为了做到善始善终，避免有始无终的破坏性影响，就需要人常常跳到局外，做自己的一个旁观者，需要随时警省，切实从自身工作状况出发，潜心投入。而浅尝辄止，停留在表面，便永远尝不到成功的甘甜。从做事开始，到做事结束，时刻反省自我，牢牢锁定目标，就可以做到善始善终。

工作如此，其他方面也是这样。许多起初可以两肋插刀的朋友，最后却反目成仇；许多情人起初爱得死去活来，最后两人形同陌路；有的人年轻时是时代弄潮儿，到老来却成了历史的绊脚石……诸如此类善始不能善终之事举不胜举。看来，好的开头不容易，好的结局就更难，所以英国人说："谁笑到最后谁笑得最好。"

"开元之治"的盛唐气象是在唐玄宗在位初期出现的。他在位的前二十年，励精图治，政治清明，国力强盛，经济繁荣，文化发达。中国最伟大的诗人李白、杜甫都是那个时代培育出来的。可悲的是到了晚年，他骄奢淫逸，张九龄等忠直之臣一个个被贬斥，像李林甫、杨国忠这样平庸恶毒的小人在朝中飞扬跋扈，最终酿成了安史之乱，他自己失掉了"贵妃"，唐王朝也从此一蹶不振。

　　唐朝创立之初，一代名臣魏征就告诫唐太宗说："古今的君主，开始做得好的倒是很多，能始终如一的人数不出几个。"唐太宗也许算得上始终如一的皇帝，早年十分节俭，晚年也不敢奢侈；前期能虚心纳谏，后期仍不刚愎自用。可惜，中国像唐太宗这样的皇帝太少了。就常情而言，青年时属于创业阶段，一般人都能夹着尾巴做人，进入老年以后有的因理想变成了现实，就容易毫无顾忌地放纵自己；即使那些壮志成空的失败者也觉得再用不着谨慎了，破罐子破摔。常言说"老丑，老丑"，老了不仅皮肤上出现了条条皱纹，在精神上也容易露出种种丑态。只有像鲁迅先生这样的伟人，老来才不断地清洗身上的暮气，不断地解剖自己，他的晚年恰如衔山的夕阳，红霞满天，光彩耀目。

　　善始善终是成功者的必备素质，它可以让人以极大的耐心去处理平常的各种事情；以坚定的决心去对待挡在自己面前的困难，以必胜的信心去迎接外界的挑战，攀登人生一个又一个的高峰。

说话要学会委曲求全

【原典】
曲则全，枉则直。

——《道德经·第二十二章》

【古句新解】
委曲反而能求全，弯曲反而能正直。

自我品评

老子认为，只有拐个弯才能达到目的，并且达到得更快更好。说话艺术也是如此，直着不行不妨就绕个弯，要知"宁向直中取，不向曲中求"可是一个天大的错误。

汉武帝有个奶妈，他自小是由她带大的。历史上皇帝的奶妈经常出毛病，问题大得很。因为皇帝是她的干儿子，这奶妈的无形权势，当然很高，因此"尝于外犯事"，常常在外面做些犯法的事情，汉武帝也知道了，准备把她依法严办。皇帝真发脾气了，就是奶妈也无可奈何，于是只好求救于东方朔，让东方朔去说情。

汉武帝至少有两个人他很喜欢，一个是东方朔，经常以他的幽默——滑稽、说笑话，把汉武帝弄得啼笑皆非。但是汉武帝很喜欢他，

第八章 委曲求全
——老子这样说忍让

因为他说的做的都很有道理。另一个是汲黯,他人品道德好,经常在汉武帝面前顶撞他,敢于讲直话。奶妈想了半天,不能不求人家。皇帝要依法办理,实在不能通融,只好来求东方朔想办法。

东方朔听了奶妈的话后,教导奶妈说:"你要我真救你,又有希望帮得上忙的话,等皇帝下命令要法办你的时候,叫人把你拉下去,你被牵走的时候,什么都不要说,皇帝要你滚只好滚了,但你走两步,便回头看看皇帝,走两步,又回头看看皇帝,千万不可要求说:'皇帝!我是你的奶妈,请原谅我吧!'否则,你的头将会落地。你什么都不要讲,喂皇帝吃奶的事更不要提。或许还有万分之一的希望,可以保全你。"

东方朔对奶妈这样吩咐好了,不久汉武帝叫来奶妈质问:"你在外面做了这许多坏事,太可恶了!"于是叫左右拉下去法办。奶妈听了,就照着东方朔的吩咐,走一两步,就回头看看皇帝,鼻涕眼泪直流。东方朔站在旁边说:"你这个老太婆神经了吗!皇帝已经长大了,还要靠你喂奶吃吗?你就快滚吧!"东方朔这么一讲,汉武帝听了很难过,心想自己自小在她的手中长大,现在要把她绑去砍头,或者坐牢,心里也着实难过,又听到东方朔这样一骂,便想算了,免了她这一次的罪吧!以后可不能再犯错了。

东方朔运用了"曲则全"的说话艺术,救了汉武帝的奶妈,也免了汉武帝后来的内疚于心。

皇帝难过了,也不需要再替她求情,皇帝自己后悔了,东方朔并没有请皇帝放她,是皇帝自己放了她,恩惠还是出在皇帝身上。

三国时代,刘备在四川当皇帝,碰上天旱——夏天长久不下雨,为了求雨,于是下令不准私人家里酿酒。因为酿酒也会浪费米粮和水。命令下达,执行命令的官吏,在执法上就发生了偏差,有的在老百姓家中搜出酿酒的器具来,也要处罚。老百姓虽然没有酿酒,而只是搜出以前用过的一些酿酒工具,怎么可算是犯法呢?但是执法的坏官吏,一得机会,便花样百出,不但可以邀功求赏,而且可以借机向老百姓

235

敲诈、勒索。报上去说：某人家中，搜到酿酒的工具，必须要加以处罚，轻则罚金，重则坐牢。虽然刘备的命令，并没有说搜到酿酒的工具要处罚，可是天高皇帝远，老百姓有苦无处诉，弄得民怨四起。

简雍是刘备的妻舅，有一天，简雍与刘备一起出游，顺便视察地方，两人同坐在一辆车子上，正向前走，简雍一眼看到前面有个男人与一个女人在一起走路，机会来了，他就对刘备说："这两个人，准备奸淫，应该把他俩捉起来，按奸淫罪法办。"刘备说："你怎么知道他们两人欲行奸淫？又没有证据，怎可乱办呢！"简雍说："他们两人身上，都有奸淫的工具啊！"刘备听了哈哈大笑说："我懂了，快把那些有酿酒器具的人放了吧。"这又是"曲则全"的一幕闹剧。

当一个人发怒的时候，所谓"怒不可遏，恶不可长"。尤其是古代帝王专制政体的时代，皇上一旦发了脾气，要想把他的脾气堵住，那就糟了，他的脾气反而发得更大，不能堵的，只能顺其势——"曲则全"——转个弯，把它化解掉就好了。

春秋时代的齐景公，也是历史上的一位明主。他拥有历史上第一流政治家晏子——晏婴当宰相。当时有一个人得罪了齐景公，齐景公于是大发脾气，将他抓起来绑在殿下，要把这人一截截地砍掉。古代的"肢解"，是手脚四肢、头脑胴体，一截截地分开，非常残酷。同时齐景公还下命令，谁都不可以谏阻这件事，如果有人要谏阻，便要同样遭肢解。国君所讲的话，就是法律。晏子听了以后，把袖子一卷，装出很凶的样子，拿起刀来，把那人的头发揪住，一边在鞋底下磨刀，做出一副要亲自动手杀掉此人为齐景公泄怒的样子。然后慢慢地仰起头来，向坐在上面发脾气的景公问道："报告主上，我看了半天，很难下手，好像史册上记载尧、舜、禹、汤、文王等这些明王圣主，在肢解杀人时，没有说明应该先砍哪一部分才对？请问主上，对此人应该先从哪里砍起才能做到像尧舜一样地杀得好？"齐景公听了晏子的话，立刻警觉，自己如果要做一个明王圣主，又怎么可以用如此残酷的方法杀人呢！所以对晏子说："好了！放掉他，我错了！"这又是

"曲则全"的另一章。

晏子当时为什么不跪下来求情说:"主上!这个人做的事对国家大计没有危害,只是犯了一点小罪,惹您万岁爷生气,这不是公罪,私罪只打二百下屁股就好了,何必杀他呢!"如果晏子是这样地为他求情,那就糟了,可能火上加油,此人非死不可。他为什么抢先拿刀,做出要亲自充当剑子手的样子?因为怕景公左右有些溜须拍马的人,听到主上要杀人,拿起刀来就砍,这个人就没命了。

他身为大臣,抢先一步,把刀拿着,头发揪着,表演了半天,然后回头问景公,从前那些圣明君主要杀人,先从哪一个部位下手?意思就是说,你怎么会是这样的君主,会下这样的命令呢?但他当时不能那么直谏,直话直说,反而使景公下不了台阶,弄得更糟。老子"曲则全"的劝谏艺术就是如此高妙!

开口说话,看似简单,实则不容易,会说不会说大不一样。古人云:"一言可以兴邦,一言也可以误国。"曲则全,直道不通就转个弯,委曲求全,做大事必须能够委曲,能够随时变通,这样才能成就大业。

学会选择和放弃

【原典】

为者败之，执者失之。

——《道德经·第六十四章》

【古句新解】

勉强作为的人必定会失败，固执的人必定会有所失去。

自我品评

老子认为，对有些事执著是没有必要的，必须学会选择、学会放弃。

有一位登山队员，一次有幸参加了攀登珠穆朗玛峰的活动，到了7800米的高度，他体力支持不住，退了下来。当他讲起这段经历时，人们很替他惋惜：为什么不再坚持一下呢？为什么不再咬紧一下牙关，爬到顶峰呢？

"不，我最清楚，7800米的海拔是我登山生涯的最高点，我一点也不为此感到遗憾。"他说。他是明智的，充分了解自己的能力，没有勉强自己，保存了体力，没有受伤而能够平安归来。

这是生活中一种美好的境界。其实，生活并不需要这么些无谓的

第八章 委曲求全
——老子这样说忍让

执著，没有什么真的不能割舍，要要学会放弃。

成功者的秘诀是随时检视自己的选择是否有偏差，合理地调整目标，放弃无谓的固执，轻松地走向成功。他们知道什么应该坚持，什么可以放弃或必须放弃。坚持是一种良好的品性，但在有些事上，过度的坚持，会导致更大的损失。在人生的每一个关键时刻，审慎地运用智慧，做最正确的判断，选择正确方向，同时别忘了及时检视选择的角度，适时调整，放掉无谓的固执。人是有思想感情的，有欲望的，总是向往着完美的境界。然而，缺憾也是不可避免的，就像月亮不可能夜夜圆满，花朵不可能四季香艳。

人生的苦乐有多种，失去了自以为宝贵的东西，对每个人来说，难免是痛苦的，但一个人如能坦然面对失去的，并能主动放弃那些可有可无、并不触及生活要义的东西，那他的一生必将赢得更多的轻松和愉快。放弃沮丧时的坏心情，放弃一次没有把握的面试，放弃费力也做不好的事情，放弃一切对自己不利的东西……无谓的执著，常常给自己带来痛苦，增加心理负担，使现实变得残酷。

选择放弃，能使人释然，令人豁达。要想享有永久的掌声，就得放弃眼前的虚荣。放弃，并不意味着失去，因为只有放弃才会有另一种获得。选择放弃，不是萎靡退缩，消极避让，不是扔掉一切，得过且过，而是善于审时度势，从自己的实际出发进行明智的选择。而人生的有些部分，对我们来说是万万不能放弃的，像热爱生活，珍惜时光，保持乐观向上的心情，追求身心健康等等，是永远也不能放弃的。

坚持的精神固然可嘉，但你可知道胜利的背后又有多少不为人知的痛苦与悲伤？放弃那些注定不属于自己的东西，放弃那份带来痛苦的执著，放弃那段伤害自己伤害他人的爱情；去寻找更美好、更适合自己的目标，去寻找能更快到达成功彼岸的航线。人的一生，总是怀着无边的欲望，企图更多地占有，并将这种占有美化，寻找出种种借口，比如有追求、上进心强等等。我们以为自己拥有的越多，就会离幸福越近，却忘了拥有的越多，烦恼就越多。

239

许多人不管自己的驾驭能力有多大，得陇望蜀，这山望着那山高。即使占有的东西原本没什么大用，也不愿舍弃；即使心灵已经很累，也不怕再增加沉重的负担。我们全部的错误，在于愚蠢的坚持。从出生到长大，我们耳边总是塞满别人的嘱托和规劝：刻苦学习，力求上进，为拥有令人羡慕的事业而奋斗，为拥有幸福美满的人生而拼搏。上学要上清华北大，甚至哈佛或麻省理工学院；从商即使做不了比尔·盖茨，也要做李嘉诚。不管这些目标是否切合实际，是否能够企及，几乎所有的人总是在谆谆告诫我们，拥有知识，拥有财富，拥有权势，拥有……问题是，这些要求往往让我们无所适从。

究竟哪些蛋糕更适合我们的胃口，哪些美丽的花朵更适合我们去欣赏或采摘，没有人告诉我们正确的道路，更没有人能替我们做出决定。什么选择是正确的、切实可行的，只会指手画脚的人们，不了解你以及你的处境，因而他们谁也给不了你正确的建议。所以，我们仅仅学会拥有是不够的，仅仅学会拥有也是不现实的，还必须学会放弃。只有学会放弃，才可能更好地拥有。

放弃其实就是一种选择。走在人生的十字路口，你必须学会放弃不适合自己的道路；面对失败，你必须学会放弃懦弱；面对成功，你必须学会放弃骄傲；面对弱者，你必须学会放弃冷漠……我们只有在困境中放弃沉重的负担，才会拥有必胜的信念。放弃我们必须放弃的、应该放弃的，我们才可能更多地拥有。因为只有虚怀若谷，才可能吞云吐雾；只有浩瀚如海，才可能不择江河。

记得有一位大学教授曾向圣地亚神父问道，神父先是以礼相待，却不说道。神父将茶水注入这位客人的茶杯，水溢了，神父还在不断地注入。直到这位教授忍不住提醒时，神父才停住。神父说：你不先把自己的杯子倒空，让我如何对你说道。大学教授恍然大悟。难道圣地亚神父不是在告诉我们，学会放弃才可能重新拥有吗？事业中是这样，生活中也是这样。有时候，放弃不仅仅需要勇气，更需要一种智慧。

第八章 委曲求全
——老子这样说忍让

  时代不同了，放弃的方法、放弃的内容不尽相同。面对新的现实，需要我们在事业和生活中好好学习，好好把握。放弃绝不是一种简单的减法，放弃甚至就不曾是减法。放弃自己旧的思维模式，就可能赢得新的胜利，创造新的历史。

  放弃那些力所不及的不切实际的幻想，放弃盲目扩张的欲望，放弃那些我们不想拥有的和那些对自己毫无意义的、甚至有害的东西，放弃一切该放弃的东西，瞄准自己的大目标，全力以赴，努力拼搏，才会成就一番大事业。

  学会放弃，甚至比一味追求拥有更重要。放弃绝不能成为我们在困境中选择逃避的借口，绝不能成为事业上免除责任的托词。在放弃中，我们依然要将风雨担在肩头，不让正义从身边溜走。放弃心中的块垒，绝不是放弃我们争胜的气魄；放弃身上的冗物，绝不是放弃我们战斗的利刃。

学会控制自己的情绪

【原典】
善战者不怒。

——《道德经·第六十八章》

【古句新解】
善于作战的人，能不被对方激怒。

自我品评

忍耐不仅是一种处世的策略，更是一种德行修养。所谓大忍者，大智也。忍耐能够达到貌似愚蠢的程度，是谓大智若愚。而最能忍耐、最有耐心的人，也是最容易成功之人。

清人傅山说过：愤怒正到沸腾时，就很难克制住，除非"天下大勇者"便不能做到。如果你想发怒，你就应想想这种爆发会产生什么后果。既然发怒必定会损害你的身心健康和利益，那么你就应该约束自己、克制自己，不让自己轻易动怒。

汉初名臣张良逃亡时曾遇到一件事。一天，他走到下邳桥上遇到一个老人，穿着粗布衣服，在那里坐着，见张良过来，故意将鞋子掉

第八章 委曲求全
——老子这样说忍让

到桥下,冲着张良说:"小子,下去给我把鞋捡上来!"张良听了一愣,本想发怒,因为看他是个老年人,就强忍着到桥下把鞋子捡了上来。老人说:"给我把鞋穿上。"张良想,既然已经捡了鞋,好事做到底吧,就跪下来给老人穿鞋。老人穿上后笑着离去了。一会儿又返回来,对张良说:"你这个小伙子可以教导。"于是约张良再见面。这个老人后来向张良传授了《太公兵法》,使张良最终成为一代名臣。老人考察张良,就是看他有没有自我克制的修养,有了这种修养,"孺子可教也",今后才能担当大任,处理多种复杂的人际关系和艰巨的事情,才能遇事冷静,不意气用事。

唐代宰相娄师德的弟弟要去代州府上任,临行前,娄师德对弟弟说:"我没多少才能,现位居宰相,如今你又得州官,得的多了,会引起别人的嫉恨。该如何对待?"他弟弟回答说:"今后如果有人往我脸上啐唾沫,我也不说什么,自己擦了就是。"娄师德说:"这正是我担心你的。那人啐你,是因为愤怒,你把它擦掉了,这就是抵挡那人怒气的发泄。唾沫不擦自己也会干的,倒不如笑而接受呢。"

娄师德兄弟的这番谈论,有开玩笑的成分,其中意思就是要退让,不要去和对方"针尖对麦芒"。不然,就会更加激怒对方,使矛盾尖锐化,带来更严重的后果。林肯说得好:"与其为争路而让狗咬,不如给狗让路。即使将狗杀死,也不能治好伤口。"唐代僧人寒山曾写诗道:"有人来骂我,我分明了知(心里明明白白)。虽然不应对,却是得便宜。"这话很值得玩味。

美国石油大亨洛克菲勒有一次因牵连某案而上了法庭。当对方的律师以粗暴的口气向他连连质问时,他本来快被激怒了。但他很聪明,没有鲁莽地应声而起,而是态度平和,不动声色地答复律师的挑衅,结果律师反而被气得快发狂,语无伦次,而洛克菲勒则最终赢得了这场官司。明人吕坤早在四百多年前就说过:"忍、激二字是福祸关。"所谓忍是忍耐,指控制住自己的情绪,激是激动。能忍住就是福,忍

243

不住就是祸患，所以要认真把好这一关。

中国古代作战时，一方守城，一方攻城。守城的将护城河上的吊桥高高吊起，紧闭城门，那攻城的便无可奈何。实在不行，攻城的便在城下百般秽骂，非要惹得那守城的怒火中烧，杀出城来——攻城的就可以乘机获胜了。兵法上将这个计谋叫做"激将法"。但如果守城的能克制忍耐，对方也就无计可施了。

日常生活中有人控制不住自己的情绪，结果造成了惨剧。在法国发生过这样一桩案件：马尔蒂是法国西南小城塔布的一名警察，这天晚上他身着便装来到市中心的一烟草店门前，他准备到店里买包香烟。这时店门外一个流浪汉向他讨烟抽。当马尔蒂出来时，喝了不少酒的流浪汉缠着他要烟。马尔蒂不给，于是两人发生了口角。随着互相谩骂和嘲讽的升级，两人情绪逐渐激动。马尔蒂掏出了警官证和手铐，说："如果你不放老实点，我就给你一些颜色看。"流浪汉反唇相讥："你这个混蛋警察，看你能把我怎么样？"在言语的刺激下，二人扭打成一团。旁边的人赶紧将两人拉开，劝他们不要为一支香烟而发那么大火。被劝开后的流浪汉骂骂咧咧地向附近一条小路走去，他边走边喊："臭警察，有本事你来抓我呀！"失去理智、愤怒不已的马尔蒂拔出枪，冲过去，朝流浪汉连开四枪，流浪汉倒在了血泊中……法庭以"故意杀人罪"对马尔蒂做出判决，他将服刑30年。

一个人死了，一个人坐了牢，起因是一支香烟，罪魁是失控的激动情绪。生活中我们常见到当事人因未能克制自己，而引发争吵、谩骂、打架，甚至流血冲突的情况比比皆是。有时仅仅是因为你踩了我的脚，或一句话说得不当。乘地铁时争抢座位，在公交车上被挤了一下，都可能成为引爆一场口舌大战或拳脚演练的导火索。在社会治安案件中，相当多的案件都是由于当事人不能冷静地处理事情才导致发生的。

人皆有七情六欲，遇到外界的不良刺激时，难免情绪激动、发火、愤怒，这是人的一种自我保护本能的生理和心理反应。但这种激动的

第八章 委曲求全
——老子这样说忍让

情绪不可放纵,因为它可能使我们丧失冷静和理智,使我们不计后果地行事。因此,在遇到事情时,一定要学会克制,而不要像炮捻子,一点就着。

在中国人看来,忍让绝非怯懦,能忍人所不能忍,才是最刚强的。天下之人莫不争强,而纯刚纯强往往会招致损伤。

忍耐是一种难能可贵的品质

【原典】

弱者道之用。

——《道德经·第四十章》

【古句新解】

保持柔弱的地位，是"道"的运用。

自我品评

老子认为："弱者道之用。"宇宙万物繁盛的反面——静、柔之处往往蕴藏着无穷的动力。事物总是向对立面转移的，阴极阳生，阳消阴长，物极必反。故解决问题的诀窍就在于从事物的反面或反方向入手。我们应学会"强大处下，柔弱处上"；要"知其雄，守其雌，为天下溪"，"知其荣，守其辱，为天下谷"，溪、谷为谦和柔弱之谓。

当你不愿让命运来主宰你的一切，但又没有扼住命运咽喉的本领时，切记应当学会忍耐。中国的儒家和道家都强调忍耐的重要性，只有忍到最后一刻才会发生意想不到的变化，才能有希望看到转机。或

第八章 委曲求全
——老子这样说忍让

许你仍在向往一帆风顺,可是面对曲曲折折的人生,所谓的一帆风顺只能是心灵的一种慰藉而已,唯有奋斗不息才能够让你成为命运的主人。而在这一步步的努力中,你必须学会忍耐。

实际上,忍耐是酝酿胜利的一种高超手段。虽然忍耐有可能错过一些小的机遇,但谨慎小心可以避免意外的发生,使意外的发生不那么让人意外。忍耐实质上是一种动态的平衡。忍耐能帮助我们透过繁冗迷惑,获取真谛。学会忍耐,那么无论是在"上涨"还是"下跌",低迷抑或是高涨,你的人生都将美丽如画。人生有很多不如意、不痛快,这时,忍是非常重要的。

三国时的诸葛亮辅佐刘备,立志要收复中原,他经常兵出祁山,攻打司马懿。但是,司马懿总不肯出来和诸葛亮对打。诸葛亮用尽了一切手段来羞辱司马懿,司马懿总是置之不理,总之,就是不肯出来和诸葛亮打仗。每次都是等到诸葛亮的粮食吃完了,蜀军自然就退兵回到蜀国,战争就结束了。诸葛亮六次兵出祁山,每次都是无功而返,后来连唐朝的大诗人杜甫也为他惋惜说:"出师未捷身先死,长使英雄泪满襟。"司马懿能够忍,所以没有被一代儒将诸葛亮打败。

忍一时风平浪静,退一步海阔天空。忍耐不是目的,是策略。因此,当有事时,千万要稳健,不要逞一时之快而坏了大计,决不能因小失大!人们常说,忍字头上一把刀,真的是这样。这把刀,让你痛,也会让你痛定思痛;这把刀,可以磨平你的锐气,但是也可以雕琢出你的勇气。小不忍则乱大谋,只要我们仍然身处在种种算计和争斗里,有些纷扰就永远不会结束。

面对强大敌手的迫害,一个人只知道屈忍保全还不够,还要忍得像样子,忍得让对方感到高兴,才可能彻底逃脱难关。否则,虽然你做出了逆来顺受的样子,却又表现出另外的不在乎,就透出了对敌手的藐视,还可能招来危害!

西汉的杨恽,为人重仁义轻财物,为官廉洁奉法,大公无私。可

247

是正当他官运亨通、春风得意之时，有人嫉妒他，在皇帝面前说他对皇帝陛下心怀不满，表现得那么廉正只是为了笼络人心，以便图谋不轨。皇帝虽然不喜欢贪官，但更害怕有人和他唱对台戏，哪怕你才干再高，品德再好，如果敢对皇帝不满，便会招来灾祸。经人这么一告发，皇帝勃然大怒就把他贬为平民。杨恽本来官瘾不大，又乐得清闲，虽丢了官却也并不感到十分难过。原先做官时添置家产多有不便，现在添置一些家当，与廉政并无瓜葛，谁也抓不到什么把柄。于是他以置办财产为乐，在每天忙忙碌碌的劳动中得到许多平凡生活的乐趣。他的一个好朋友，听说这件事后，预感到他这样下去可能会闹出大事来，就连忙给杨恽写了一封信说："大臣被免掉了，应该关起门来表示心怀惶恐，装出可怜兮兮的样子，以免别人怀疑。你这样置办家产，搞公共关系，很容易引起人们的非议。让皇帝知道了，不会轻易放过你的。"

杨恽心里不以为然，回信给朋友说："我认为自己确实有很大的过错，德行也有很大的污点，应该一辈子做农夫。农夫虽然没有什么快乐，但在过年过节杀牛宰羊，喝酒唱歌，来犒劳自己，总不会犯法吧！"怪不得杨恽做不好官，他竟连"欲加之罪，何患无辞"的常识也不懂。有人把他视为眼中钉、肉中刺，又向皇帝诬告说，杨恽被免官后，不思悔改，生活腐化，而且最近出现的那次不吉利的日食，也是由他造成的。皇帝不问青红皂白命令迅速将杨恽缉拿归案，以大逆不道的罪名将他腰斩了，他的妻儿子女也被流放到酒泉。

本来杨恽以不满皇帝而获罪免官之后，应该听从友人的劝告，装出一副甘于忍受侮辱的逆来顺受的可怜样子，这样皇帝和敌人才会不注意他。即使是最凶恶的老虎，看到它的对手已经表示屈服，也会停止攻击。杨恽却没有接受教训，他还要置家产、搞活动、交朋友，这不是明摆着唱对台戏？结果杨恽因为不能忍住自己的不满情绪，不会提防皇帝和敌人抓住自己不满的把柄，终于酿成了自己被杀、家人遭流放的悲剧。

第八章 委曲求全
——老子这样说忍让

忍耐不是逆来顺受，屈服于命运之神的支配与调遣，让岁月的沧桑把自己的欲望一点点地消磨掉。功亏一篑都是因为不懂得忍耐的真正含义，而坚韧不拔地追求并排除万难有所超越才是忍耐的外延。忍耐不是消极颓废，也不是悄然降下信念的帆；忍耐是考验意志、毅力，检验成功的一种方式。

忍辱负重亦是勇士之谋

【原典】

勇于敢者则杀，勇于不敢者则活。

——《道德经·第七十五章》

【古句新解】

勇气用于逞强争胜就不得好死，勇气不用于逞强争胜才会活得好。

自我品评

老子反对逞强争胜，他说"强梁者不得死"，"勇于敢者则杀"，"坚强者死之徒也"都是同一个意思，目的在于劝诫世人学一点"柔道"，不逞匹夫之勇，尤其是在局面明显对自己不利的情况下更应如此。武则天时的名臣狄仁杰，就是这样做的。

唐代武则天专权时，为了给自己当皇帝扫清道路，先后重用了武三思、武承嗣、来俊臣、周兴等一批酷吏。她以严刑厉法、奖励告密等手段，实行高压统治，对抱有反抗意图的李唐宗室、贵族和官僚进行严厉的镇压，先后杀害李唐宗室贵族数百人，接着又杀了大臣数百家，至于所杀的中下层官吏，更是多得无法统计。武则天曾下令在都城洛阳四门设置"瓯"（即意见箱）接受告密文书。对于告密者，任

第八章 委曲求全
——老子这样说忍让

何官员都不得询问,告密核实后,对告密者封官赐禄;告密失实,并不反坐。这样一来,告密之风大兴,不幸被株连者上千万,朝野上下,人人自危。

一次,酷吏来俊臣诬陷平章事、狄仁杰等人有谋反行为。来俊臣出其不意地先将狄仁杰逮捕入狱,然后上书武则天,建议武则天降旨诱供,说什么如果罪犯承认谋反,可以减刑免死。狄仁杰突然遭到监禁,既来不及与家里人通气,也没有机会面见武则天,说明事实,心中不由焦急万分。审讯的日子到了,来俊臣在大堂上读武后的诏书,就见狄仁杰已伏地告饶。他趴在地上一个劲地磕头,嘴里还不停地说:"罪臣该死,罪臣该死!大周革命使得万象更新,我仍坚持做唐室的旧臣,理应受诛。"狄仁杰不打自招的这一手,反倒使来俊臣弄不懂他到底唱的是哪一出戏了。既然狄仁杰已经招供,来俊臣将计就计,判他个"谋反是实",免去死罪,听候发落。

来俊臣退堂后,坐在一旁的判官王德寿悄悄地对狄仁杰说:"你也要再诬告几个人,如把平章事、杨执柔等几个人牵扯进来,就可以减轻自己的罪行。"狄仁杰听后,感慨地说:"皇天在上,后土在下,我既没有干这样的事,更与别人无关,怎能再加害他人?"说完一头向大堂中央的立柱撞去,顿时血流满面。王德寿见状,吓得急忙上前将狄仁杰扶起,送到旁边的厢房里休息,又赶紧处理柱子上和地上的血渍。狄仁杰见王德寿出去了,急忙从袖中抽出手绢,蘸着身上的血,将自己的冤屈都写在上面,写好后,又将棉衣撕开,把状子藏了进去。一会儿,王德寿进来了,见狄仁杰一切正常,这才放下心来。狄仁杰对王德寿说:"天气这么热了,烦请您将我的这件棉衣带出去,交给我家里人,让他们将棉絮拆了洗洗,再给我送来。"王德寿答应了他的要求。狄仁杰的儿子接到棉衣,听到父亲要他将棉絮拆了,就想:这里面一定有文章。他送走王德寿后,急忙将棉衣拆开,看了血书,才知道父亲遭人诬陷。他几经周折,托人将状子递到武则天那里,武则天看后,弄不清到底是怎么回事,就派人把来俊臣叫来询问。来俊臣做贼心虚，一听说太后要召见他，知道事情不好，急忙找人伪造了一张狄仁杰的"谢死表"奏上，并编造了一大堆谎话，将武则天应付过去。

又过了一段时间，曾被来俊臣妄杀的平章事、乐思晦的儿子也出来替父伸冤，并得到武则天的召见。他在回答武则天的询问时说："现在我父亲已死了，人死不能复生，但可惜的是太后的法律却被来俊臣等人给糟践了。如果太后不相信我说的话，可以吩咐一个忠厚清廉、你平时信赖的朝臣假造一篇某人谋反的状子，交给来俊臣处理，我敢担保，在他残酷的刑讯下，那人没有不承认的。"武则天听了这话，稍稍有些醒悟，不由想起狄仁杰一案，忙把狄仁杰召来，不解地问道："你既然有冤，为何又承认谋反呢？"狄仁杰回答说："我若不承认，可能早死于严刑酷法了。"武则天又问："那你为什么又写'谢死表'上奏呢？"狄仁杰断然否认说："根本没这事，请太后明察。"武则天拿出"谢死表"核对了狄仁杰的笔迹，发觉完全不同，才知道是来俊臣从中做了手脚，于是下令将狄仁杰释放。

狄仁杰的做法告诉我们，不逞匹夫之勇耐住性子与对手周旋，是斗争中的良策。相反，以硬碰硬，会让自己吃大亏，是不明智的。

我国历史上刘邦与项羽在称雄争霸、建立功业上，就表现出了不同的态度，最终也得到了不同的结果。苏东坡在评价楚汉之争时就说，项羽之所以会败，就因为他不能忍，不愿意吃亏，白白浪费自己百战百胜的勇猛；汉高祖刘邦之所以能胜，就在于他能忍，懂得吃亏，养精蓄锐，等待时机，直攻项羽弊端，最后夺取胜利。

楚汉战争中，刘邦的实力远不如项羽，当项羽听说刘邦已先入关，怒火冲天，决心要将刘邦的兵力消灭。当时项羽40万兵马驻扎在鸿门，刘邦10万兵马驻扎在灞上，双方只隔40里，兵力悬殊，刘邦危在旦夕。在这种情况下，刘邦先是请张良陪同去见项羽的叔叔项伯，再三表白自己没有反对项羽的意思，并与之结成儿女亲家，请项伯在项羽面前说句好话。然后，第二天一清早又带着随从，拿着礼物到鸿

第八章 委曲求全
——老子这样说忍让

门去拜见项羽，低声下气地赔礼道歉，化解了项羽的怒气，缓和了他们之间的关系。

表面上看，刘邦忍气吞声，项羽挣足了面子，实际上刘邦以小忍换来自己和军队的安全，赢得了发展和壮大力量的时间。刘邦不像项羽一样逞匹夫之勇，甘忍一时屈辱，反映了他对敌斗争的谋略，也体现了他巨大的心理承受能力。

对于做大事的人来说，忍辱负重是成就事业必须具备的基本素质。能在各种困境中忍受屈辱是一种能力，而能在忍受屈辱中负重拼搏更是一种本领。

委曲求全是另一种坚强

【原典】

是以兵强则灭，木强则折。强大处下，柔弱处上。

——《道德经·第六十七章》

【古句新解】

因此用兵逞强就会灭亡，树木强硬就会被砍伐。强大的处于下位，柔弱的反而处于上位。

自我品评

　　一个人将来的事业能成就多大，就必须要把"忍"功夫做到多大。忍耐是一种生存智慧，是大智者所为。一时的忍气吞声是为了日后的光明前途，一时的含泪度日是为了将来的成功之时。忍耐不是懦夫软弱无能的表现，而是在韬光养晦中的勇士以等待时机成熟。为人处世的上上之策就是忍让，所以古今中外凡是成就事业的人都深知忍耐的重要性。

　　大凡有智慧的人在面临危险时，都能冷静地面对，在历史上，这样的人才不在少数，他们懂得适时地忍耐退步，化解险情，求得生存，然后再伺机而动，取得胜利。

第八章 委曲求全
——老子这样说忍让

历史上"三家分晋"的故事大家应该都知道。春秋末年，作为晋国六卿之一的赵简子，在临终前立下遗嘱，他的继承人是自己的二儿子赵无恤。董阏于是他的臣僚，他都感到很奇怪，因为历来的规矩是以长子继位，无恤是庶出又非长子，怎么可以继承爵位呢？而赵简子的回答是在他的所有儿子中，唯有赵无恤能顾全大局，委以重任，将来能为国家忍受羞辱。

赵简子去世后，他的二儿子赵无恤继位。知伯，晋国的大贵族，不久后前来拜访赵无恤。无恤专门设宴招待知伯以表示欢迎。酒席间那知伯傲慢无礼，对赵无恤百般侮辱，然而赵无恤并没有发怒，他还劝知伯不要生气。知伯却不领情，不识好歹，在众人面前打了无恤两个响亮的耳光。

无恤的左右侍臣义愤填膺，都纷纷要求无恤杀死知伯来惩戒他的无礼举动。结果无恤并没有听取他们的建议，他说先君之所以立他为储，是由于他能为社稷忍辱，如果因小失大，而去杀人，岂不是辜负了先君的一片苦心？

十个月后，知伯倚仗着自己强大，不知廉耻地向无恤勒索领地。对于这样无理的要求，赵无恤没有答应。恼羞成怒的知伯在晋阳派遣重兵围困无恤，同时他还决汾水灌城，大有一口吞吃之势。赵无恤顽强御敌，没有认输，知伯发兵无果，失去信心。第二年，晋国的韩、魏二卿同意与赵无恤联合分兵出击，知伯军队彻底击溃了，"三家分晋"的局势形成了。

忍耐之士不以牺牲自己独立人格为代价，而是在忍耐中为自己的成功做默默累积。人格的渺小、自我的萎缩不能说成是忍耐。大家都知道勾践卧薪尝胆，最后打败吴国的故事：勾践将可贵独立的自我暂时隐藏起来，忍耐软中透硬，柔中带刚，他的这种忍辱负重的精神可以说到了忍耐的极限。

春秋时期吴越两国交战，吴国最终兵败。而后吴王夫差继位，为了替父报仇，夫差蓄势向越进攻，使吴国强大起来，立志打败越国。

在大将伍子胥的辅佐下，经过两年的精心准备，向越国发起猛烈进攻，打败了越国。

越王勾践忍辱负重，携带妻子到吴国做奴仆。他深知自己当时的处境非常不利，要想日后东山再起，就必须把自己的心思隐藏起来，否则，别说东山再起，连命都保不住了。最终他与夫差达成和议去吴国做奴仆。

勾践夫妇履行承诺，不久后，去了吴国。夫差为了替父报仇，对勾践百般羞辱，出门坐车时，总是要求勾践在车前为他牵马。周围的人都讥笑勾践堂堂一个国王现在沦落成马夫，这样活着还不如去死呢。勾践每次听到这样的讥笑时，心都在滴血，但仍然表现得笑容可掬，装作不在意的样子。夫差令他们在其父的坟旁养马，平时吃的是粗茶淡饭，穿的是粗布单衣，住的破烂石屋冬天如冰窟、夏天似蒸笼。每天都是一身土、两手粪，这样的生活，持续了三年。

勾践之所以忍受了权势、地位发生翻天覆地变化的巨大痛苦，忍受了夫差的奴役。是因为他知道，倘若他不能将自己所有的情绪伪装好，自己东山再起的心思就会被夫差识破，到时候忍受的将会更多。

苍天不负有心人。一次夫差生病，勾践前去探望，正赶上夫差大便，待其出恭后，勾践尝了尝吴王的粪便，他让夫差放宽心，说是夫差的病即将痊愈，夫差终于改变了对勾践的看法。不管是勾践真的精通医道，还是在奉承吴王，总之经过了这件事后，转变了勾践的命运。夫差见勾践经过这三年的磨难已经放弃了复兴越国的想法，对自己也是那么忠心耿耿，最后赦免了勾践，让他回到离别已久的越国。

勾践回到越国，时时刻刻想着如何复兴越国，他把一个苦胆挂在座位上面，每天休息和睡觉的时候都不会忘记仰起头尝尝苦胆的滋味，吃饭喝水之前也要先尝尝苦胆。他每天让自己的身体劳累，让自己焦虑地思索，亲自到田间种地，让自己的夫人穿自己织布所做成的衣服。每顿饭他都不吃肉菜，不穿鲜艳颜色的衣服，对自己所受的耻辱铭记于心，告诫自己千万不能忘记。

第八章 委曲求全
——老子这样说忍让

贤明的人他会对他们毕恭毕敬，对待宾客也会以厚礼相赠，扶助贫困的人，哀悼死难的人，和自己的百姓们一起劳苦工作。最后勾践的苦心终于没有白费，发愤图强，一举打败了吴国。在历史上写下了以小打大、以弱胜强的人间神话。

所以说，当敌我力量差距悬殊时，忍耐是一种最为明智的退却手段。忍耐中保存自己力量，慢慢地蓄积，不仅不会消磨自己的元气，只要一旦时机成熟，羽翼丰满，便乘其不备，猛然一击，让邪恶永不得翻身。这种忍耐绝不是对传统的习惯势力、落后势力的妥协和投降。

"处世让一步为高，退步即进步的根本；待人宽一分是福，利人实利己的根基。"这是《菜根谭》中的一句话。正说明忍住自己的私欲怒火，便能助你默默积累，有朝一日成就大业。